成长也是一种美好

# DeepSeek 高效学习法

## 中小学生AI学习手册

张 华 / 著

人民邮电出版社
北京

**图书在版编目（CIP）数据**

DeepSeek 高效学习法 ： 中小学生 AI 学习手册 / 张华著. -- 北京 : 人民邮电出版社, 2025. -- ISBN 978-7-115-66721-2

Ⅰ. G632.46-39

中国国家版本馆 CIP 数据核字第 2025YU9312 号

---

◆ 著　张　华
责任编辑　刘艳静
责任印制　周昇亮

◆人民邮电出版社出版发行　　北京市丰台区成寿寺路 11 号
邮编 100164　电子邮件 315@ptpress.com.cn
网址 https://www.ptpress.com.cn
文畅阁印刷有限公司印刷

◆开本：880×1230　1/32
印张：7.875　　2025 年 3 月第 1 版
字数：150 千字　　2025 年 3 月河北第 2 次印刷

---

定　价：59.80 元（附小册子）

**读者服务热线：（010）67630125　印装质量热线：（010）81055316**
**反盗版热线：（010）81055315**

# 前言
# 让每个人用自己的方式成功

2023 年春节期间，我在深度体验 ChatGPT 后，产生的第一个直觉是“未来已来”。生成式人工智能将席卷全球并进入千家万户，无论是生活、工作还是孩子们的学习，我们都将迎来全新的变革。

## 1000 多名少年的人工智能实践

那一年的 4 月初，少年商学院“AI 智能学习家庭成长营”上线。这应该是国内第一个专门针对青少年的 AI 课程项目。当年的学员人数超过 1000，学员们提交了大量的实践作业和作品，内容皆是如何借助人工智能（AI）优化自己的学科学习、发展兴趣与提升个人管理能力。

**这不仅是一次 AI 启蒙，更是验证 AI 如何深度改变青少年成长路径的真实案例。**

在两年后的 2025 年春节期间，DeepSeek 爆火，其深度推理能力“举世震惊”。几乎所有人都觉得应该去了解 AI、体验 AI、学习 AI，家长朋友们更是在思考：AI 对青少年到底意味着什么，在 AI 时代如何学习，哪些能力最为重要，如何才能不被取代……

而在当年的 1000 多名学员中，有不少学员的家长此刻陆续颇为感慨地给我留言：张华老师，很幸运两年前我们就跟着你开始了 AI 探索之旅。

我为 DeepSeek 这样的“国产之光”感到骄傲，更为自己能以这么快的速度完成大众启蒙而感到开心。回顾两年前，我的心情其实非常复杂。

## 让更多家庭突围

2023 年是我创办少年商学院十周年。十年前，我们借鉴可汗学院和斯坦福在线中学的模式，一路勇往直前，披荆斩棘，在国内最早开展在线素质教育课程，最早将斯坦福设计思维方法授权落地；还幸运地承担了国家级课题研究，并将之发展为高新技术企业。

我曾以为自己看见了未来——无论孩子是出国留学还是参加高考，越来越多家长愿意让孩子接受一些通识教育，参与领导力项目，培养面向未来的竞争力。

AI 的出现，让我看到了新的可能——

与其感慨通识教育与领导力教育终归还是小众需求，不如顺势而为，借 AI 之力，为孩子的学习与成长赋能。这里的学习既包括学科学习，也包括兴趣学习与终身学习。

而这两年的创新实践也让我重新找回了成就感。第一，我一直对孩子们说，AI 不是搜索引擎，而是策略引擎。它可以 24 小时在线，不厌其烦地当你的学习助理或智囊团。它可能比你学校的老师更耐心地为你拆解一些学习的疑难杂症并娓娓道来，同时根据你的学习风格给出更加个性化的成长路径；只要你愿意，它还可以把“费曼学习法”等一些过去可能被你视为“高不可攀”的学习方法，变成你可以马上使用且更加智能的工具……

第二，帮助更多普通孩子找到对学习的兴趣与信心，比帮助一小部分原本就优秀的孩子变得更优秀要更令人欣慰。

因此这两年，与其说是一群“吃螃蟹的孩子”跟着少年商学院学 AI，不如说是大家一起用 AI 重塑自己的学习方式。

现在，DeepSeek 来了。

作为一个做了十几年教育创新的实践派，作为三个孩子的父亲，我邀请阅读本书的你，一起加入少年商学院“AI 未来学校”的非凡探索旅程。

## 《DeepSeek 高效学习法》的框架

DeepSeek 有三个非常明显的优势：深度推理、情景模拟和分步引导。从 2025 年春节开始，我每天都在疯狂使用它、调试它。《DeepSeek 高效学习法》这本中小学生 AI 学习宝典，尽可能呈现了我提出的 AI 时代学习模型的精髓以及 DeepSeek 在帮助孩子学习方面的优势，融合了过去几年少年商学院的人工智能教育实践与学员作品成果。我强烈建议家长和老师们陪同孩子阅读，并参与实践，助力孩子成为 AI 时代的学习高手。

**全书围绕“如何用 AI 升级个人学习引擎”，将内容分成了上篇、中篇与下篇。**

上篇为第一章和第二章，简要归纳 AI 如何彻底改变了学习方式，分享全球高效学习者常用的十种简明提问方法，然后提出“DeepSeek 高效学习法”的三境界与三步走，即在 AI 时代使学习十倍提效的底层逻辑与流程步骤。

中篇则是 AI 学习方法全攻略，包括四章即四大模块，引导孩子学会使用 DeepSeek，全面提升自学能力与学习成绩，形成自己的学习系统。

- 学科学习：用 AI 解决数学、语文、英语等学科难题，找到卡点，提升成绩。
- 学习方法：用 AI 优化错题本、费曼学习法、康奈尔笔记法，让思维更清晰、理解更深入。
- 跨学科思维：用 AI 消弭知识壁垒，打通不同学科并将其与场景结合，融会贯通。
- 个人管理：用 AI 搞定学习计划制订、时间管理、复盘反思，让孩子更自律，学习更高效。

下篇是走向未来的成长指南，包括第七章和第八章，从高效学习到终身成长，帮助孩子通过 AI 探索兴趣、发现特质、思考职业方向，并打造自己未来在 AI 时代的核心竞争力，找到热爱的事物，成为 AI 时代的超级学习者。

## 《DeepSeek 高效学习法》的特点

本书的特点包括但不限于真实、系统、实操、有温度。

这是一本带着人文气息的 AI 学习方法书，而非冷冰冰的工具手册。很多 AI 书读起来像是说明书，干巴巴地给你提示词，最多给些案例参考。但本书不一样，它有真实的人，有故事，有情感。人是 AI 时代的主角，而非配角。

- 有我和我太太陪伴三个孩子优化学习方法和探索兴趣爱好的故事；
- 有大量少年商学院学员们通过 AI 协助完成的创新实践项目；
- 有我每年到世界各地交流及在新加坡国立大学访学的新思考；
- 有我邀请到的众多教育翘楚持续做近千场直播的连麦案例。

**读完本书，我希望你能获得三方面的成长。**

一是，掌握 AI 时代的学习方法，找回学习的内驱力、自信心和成就感。

通俗来说就是，过去你说的学习“又快又好”的人是天才，普通人做起来不太现实——因为“鱼和熊掌不可兼得”。但现在 AI 帮助人们走出这一认知，只要用对方法，在学习上快速突破将不再是个案。

二是，帮助更多家庭“少费妈、少费钱”。

对于孩子的学习，家长最怕什么？最怕费钱又费力，孩子却学不到什么，反而可能丧失学习兴趣，而这个过程又不可逆。很多家长一说到“好好学习”，一说到“提高能力”，自然而然就会想到用金钱实现这些目标。可其实，这并不是一种积极有效的方法。因此，我在书里呼吁，家长和孩子要学会使用 AI 做“性价比最高”的探索。

三是，我希望所有孩子都能有松弛感，活出自己独特的模样。

读完这本书，你会发现书里有一条暗线：敢于让孩子做自己。每一章都将几个真实问题融入其中，引导你思考：为什么人会感到迷茫，学习的意义到底是什么，人生这条路，到底该怎么走……因此，与其说这是一本 AI 时代的学习方法书，不如说是一本借助 AI，激发你找回自己的热情，探索人生方向和成长路径的书。

## 每个人都有机会以自己的方式成功

不少人会说，AI 会进一步加深人与人之间的认知鸿沟、拉大能力差距，它的本质是一种“能力放大器”，用好 AI 的人，速度更快、效率更高、眼界更广；用不好 AI 的人，反而更依赖它、被它束缚，甚至失去独立思考的能力。

那就努力用好它呗！利用好 AI，将真正改变学习方式，真正告别填鸭式教育，真正开展个性化翻转课堂，真正提升认知与思维水平。一来，在全球教育变革中，我们不会落伍；二来，它将巧妙对冲现在孩子们日益增长的学业压力，甚至避免学生可能产生的厌学和抑郁情绪。

我坚定地认为，如果有更多青少年会用、善用、常用以DeepSeek为代表的AI工具，将是“教育资源平等”的开始。教育资源平等的目标不是让所有人同样优秀，而是让每个人都有机会用自己的方式取得成功。

这里的关键词是“利用好”。我们不神化AI，也不矮化AI。方向错了，南辕北辙；方向对了，就看方法。有人担心AI会摧毁孩子的创造力，有人则用AI激发孩子的创造力。船停靠在岸边永远是最安全的，但那不是造船的目的。临渊羡鱼，不如退而结网。

行动起来吧！

愿你和DeepSeek一起，开启高效学习的奇妙旅程；

愿你用AI点燃热情，找到方法，奔向属于自己的成长之路；

愿你在AI时代，成为“心中有梦，眼里有光，脚下有路”的超级学习者。

扫码关注公号
“张华读书会”
回复“DS”免费领取
10节配套视频课程

# 目录

## 上　篇

## AI 时代的新学习革命

| 中 篇 |

# DeepSeek 高效学习法核心策略

上 篇

# AI 时代的新学习革命

# 第一章

# DeepSeek 如何颠覆传统学习方式

## 1 每个孩子都将踏上“学习高速路”

你的孩子上过补习班吗？我家有三个孩子，我一直坚持不送他们上补习班。虽然他们是很开心的，但我太太到后来有些“坚持不住”了，因为孩子的同学们去补习或找所谓的学习顾问的比例越来越高了。

我非常纠结。一来当大家都补习的时候，最终提高的其实只有分数线；二来，看看多数上补习班的孩子的脸庞就不难发现，学习乐趣似乎离他们越来越远。

正当我也有所动摇的时候，生成式人工智能（GAI）来了。从 ChatGPT 的横空出世，到深度求索（DeepSeek）后来者居上、一鸣惊人。我们纠结的问题，发生了一个根本性的转变：孩子完全可以不参加补习班，而是借助 DeepSeek 这样的“智囊团”，实现学习兴趣、学习能力与学习成绩的齐头并进。

我们已经走上了学习的“高速路”——虽然现在只有一小部分敏锐的家长和教育工作者甚至学生意识到了这一点。

“学习高速路”并不是说孩子要“学得更多、更快”，而是让他们的学习方式从低效的“羊肠小道”变成平坦的“高速公路”。在这个新的学习模式下，孩子能够高效获取知识、真正理解知识、灵活运用知识，从而在更短的时间内，达到更好的学习效果。

DeepSeek 作为 AI 时代的智能学习工具与引擎，扮演的不是灌输者，而是引导者，它让学习变得更有方向，更有节奏，更有乐趣。

- 孩子不再死记硬背，而是学会思考和提问。
- 学习不再是孤军奋战，而是 AI 伴学，孩子可以得到实时反馈和个性化支持。
- 家长不必焦虑，孩子的学习进度清晰可见，目标明确，效率大幅提升。

在真正了解和应用 DeepSeek 高效学习法之前，作为少年商学院创始人，作为十几年来一直在一线的教育创新者，我想先带你把底层逻辑理顺，所谓“知其然，知其所以然”。

要真正让孩子从“低效学习”过渡到“高效学习”，第一步是让他们重新找回学习兴趣。

## 2 学习兴趣：如何让孩子从“被动学”变为“主动学”

### 孩子的学习兴趣是如何被消磨的？

回想孩子小时候，你会发现他们对世界充满了好奇，总是喜欢问各种“为什么”。然而，随着年级升高，这些天真的提问越来越少，孩子们变得不再愿意主动思考，转而关心一个问题——“这道题的答案是什么？”

为什么孩子们的学习兴趣会逐渐消失？这并不是因为他们变懒了，也不是因为他们不想学习，而是传统的学习方式在无形中扼杀了他们的好奇心和探索欲。

**而传统学习模式又是如何让孩子对学习失去兴趣的？**

过度强调机械记忆，忽略探索精神；

应试教育让“考高分”成为学习的唯一目标；

学习过程缺乏即时反馈，导致孩子成就感低。

最终的结果是，孩子的学习变得被动，学习对孩子来说不再是一种探索，而是一种任务。他们不再主动提出问题，而是被动接受知识；不再对世界充满好奇，而是只想尽快完成作业。但学习的本质，原本应该是充满乐趣和成就感的！

**DeepSeek 高效学习法如何让孩子重新爱上学习？**

DeepSeek 高效学习法让孩子回归“探索式学习”，让孩子重新成为一个问题提出者，而不仅仅是答案的接收者。AI 技术可以模拟互动课堂，引导孩子像科学家一样去思考，像探险家一样去探索，而不是被动地记忆知识点。

DeepSeek 通过以下方式激发孩子的学习兴趣。

### ☑ AI 互动式学习，让孩子成为“提问者”

- 孩子可以像和自己的学习“智囊团”对话一样，随时向 DeepSeek 提问，而 AI 会给予详细的解答，引导他们深入探索问题，而不是直接给出答案。
- 例如，当孩子问：“为什么火箭能飞向太空”时，AI 不仅会解释物理原理，还会引导孩子思考其他类似问题，如飞机为什么不能飞出大气层。

### ☑ 个性化学习路径，找到孩子真正感兴趣的内容

- 传统课堂的进度是固定的，但 AI 可以根据孩子的兴趣和学习风格推送相关内容。
- 例如，如果孩子喜欢数学，AI 可以提供“数学及其在现实生活中的应用”案例，如“如何用数学优化踢足球的角度”。

### ☑ 即时反馈机制，让学习更有成就感

- AI 还可以像一位随时陪伴的学习教练，在孩子回答问题后立即给予反馈，不仅可以指出错误，还会帮助孩子建立正确的思维方式。
- 孩子可以让 AI 向自己提问，测试自己是否真的懂了。通过知识测验完成挑战任务，增强学习动力。譬如，太多同学对“命题作文”毫无头绪。DeepSeek 可以通过引导式提问，如

“你最喜欢的一次旅行是去哪里”“你觉得宇宙最神奇的地方是什么”，让孩子的写作变成对自己兴趣的表达与经历的回顾。孩子在与AI聊天的过程中，不仅提高了写作能力，而且提高了语文成绩。

### ☑ 让学习变得像游戏一样有趣，每一次探索都是一次挑战

DeepSeek让孩子的学习变得像玩一款益智游戏，每一次提出问题、每一次解答难题，都是一次挑战，每一个进步都能得到即时反馈和鼓励。

譬如，中学生千万不要再死记硬背化学元素周期表，可以让AI设计一些互动游戏，让自己在特定的规律中理解，在理解中记忆；再譬如，在背英语单词时，孩子可以让DeepSeek结合自己的兴趣爱好，将要背的单词融入一篇情景文章里，自己再饶有兴趣地把文章多读几遍，单词含义自然刻进了脑海。

一言以蔽之，“被动学习”时代已经过去，DeepSeek让每个孩子都能找到学习的乐趣，成为真正的“主动学习者”！

## 3 学习风格：如何让每个孩子都能找到适合自己的学习方式

### 为什么有的孩子学得快，有的孩子学得慢？

我小时候学习成绩很好。别人夸我聪明，我挺开心。后来我才

明白，我有多幸运。在学生时期最大的幸运就是，我擅长的学习风格，正好匹配当时学校里主要使用的教学方式。

什么意思呢？想想看，有的孩子只需要听老师讲一遍就能掌握知识，而有的孩子即使反复阅读、做笔记，仍然记不住重点。这未必是孩子的智力问题，而很有可能是每个孩子的学习风格不同。

- 听觉型学习者：适合通过听讲讨论学习，但如果老师讲课的节奏太快，他们可能跟不上。
- 视觉型学习者：更喜欢通过图片、表格和视频学习，而传统课本的纯文字信息让他们吸收困难。
- 读写型学习者：习惯于通过阅读和做笔记理解知识，但如果课业压力大，他们依然可能不求甚解。
- 动觉型学习者：需要实际操作、动手实验来加深理解，但在应试教育中往往缺乏这样的实践机会。

这些差异导致了一种“隐性偏科”现象——并不是孩子不努力，而是他们的学习方式与传统教学方式不匹配。一些孩子因适应课堂模式而表现优秀，而另一些孩子则因不适应而逐渐失去信心。

**如何打破这种困境？AI 个性化学习可以提供解决方案，可以适应不同孩子的学习风格。**

- 听觉型学习者→AI 为孩子推荐有声读物，并结合智能交流与问答，提高听觉记忆效果。
- 视觉型学习者→AI 自动生成思维导图、知识卡片，将复杂内容可视化，帮助建立图像化记忆。

- 读写型学习者→ AI 提供详细的笔记总结、逻辑梳理，让孩子更好地整理和消化知识点。
- 动觉型学习者→通过 AI 设计互动任务、虚拟实验，帮助孩子在实践中理解知识，提升动手能力。

我家三个孩子有三种不同的学习风格。我在日常生活中引导他们的方式也各不相同。DeepSeek 高效学习法的核心理念是，学习风格不应该成为孩子的学习障碍，而应该成为他们的学习优势。在 AI 时代，每个孩子都可以用最适合自己的方式去学习，而不是被迫适应单一的教学模式。

## 4 分数与能力可以兼得

在传统观念里，家长往往认为孩子学习成绩好就意味着能力强。但现实常常是，很多孩子在考试中取得高分，却无法真正灵活运用所学知识；相反，也有一些孩子思维活跃、动手能力强，却因为考试分数不够理想，而被认为“学习不好”。在这种以分数为主导的教育体系中，如何让孩子既能考出好成绩，又能真正掌握能力，成了家长们最关心的问题。

过去，很多家长陷入“高分低能”与“能力不足”的困境。他们希望孩子成绩好，又担心孩子变成“考试机器”——只会刷题，不会解决实际问题。而 DeepSeek 带来的新学习方式，正在打破这种二元对立的局面，不仅能帮助孩子在更短的时间内取得高分，更能提升其综合能力。

在传统课堂里，孩子主要依赖“听—记—背”的方式学习，课堂上老师讲、学生听，孩子回家后再反复背诵练习。但通过这样的学习方式学习，往往只能留下短期记忆，过一段时间孩子就会遗忘知识点。而 DeepSeek 通过 AI 的智能反馈，帮助孩子在理解的基础上掌握知识，而不仅仅是死记硬背。

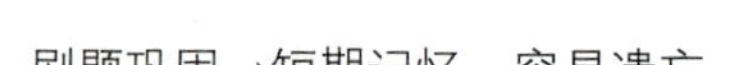

**传统模式 vs DeepSeek 模式**

- **传统模式：** 背诵定义、刷题巩固→短期记忆，容易遗忘。
- **DeepSeek 模式：** AI 互动解析，智能问答，生成个性化例题→让孩子在理解的基础上记忆，知识掌握得更牢固。

例如，在学习物理公式时，DeepSeek 不仅可以给孩子提供详细的原理解析，还能结合真实案例进行互动式讲解，比如通过模拟汽车制动的情景，让孩子直观理解加速度公式。孩子不再被动接受知识，而是通过场景化学习掌握知识，这样在考试时就能灵活运用知识，而不仅仅是死记硬背。

另外，很多孩子在面对考试时，会有这样的困惑：“明明我平时复习得很好，为什么考试时总是考不好？”这往往不是因为孩子不够聪明，而是因为他们的学习模式没有适应考试的要求。

DeepSeek 通过 AI 技术，能够帮助孩子更科学地备考，提高考试的稳定性，同时避免“考完就忘”的情况。它的核心方法包括：

- 智能错题分析——AI 记录孩子的错题并智能归类，帮助孩子精准补弱，而不是重复做自己已经掌握的题目；
- 高效考试模拟——AI 能够自动生成与真实考试难度相匹配的练习题，并提供即时反馈，让孩子在正式考试前有更充分的准备；
- 考试策略优化——AI 分析孩子的答题习惯，给出合理的时间分配建议，帮助孩子在考试中最大化发挥自己的能力。

我会在后面讲解"AI 错题本"、如何让 DeepSeek 协助孩子们制订学习计划，以及高效复习的案例。我想帮助这些陷入"努力很久，成绩却不见提高"焦虑的孩子与家长，真正掌握科学的学习方法。

我更希望他们最后相信，分数与能力可以双赢。在 AI 时代，真正的学习竞争不再是"谁花的时间更多"，而是"谁的学习方法更高效"。

## 5 成为 AI 时代的"首席提问官"

AI 时代最重要的能力之一，不是记住多少知识，而是学会提问。

在认知方向正确的前提下，谁的问题更有深度、更有创意、更有价值，谁就能走得更远。

### 全球高效学习者常用的十大提问方法

我年轻时在南方周末做记者，采访提问是基本功；30 岁之后创办少年商学院，思辨力和通识教育是我们引导孩子成长的第一步。很多人说我科班出身，难怪是提问高手。

但在我看来，学会提问的前提是有好奇心，是大胆出击，不怕犯错，是跳出舒适区。其实，舒适区外面并不叫“不舒适区”，而是“勇气区”。

是我从小对这个世界的好奇和对目标的坚持，促使我不管不顾、到处求学、随时思考、高频提问。

虽然人们提倡“不耻下问”，但很多人提问时依然内敛。一方面担心“麻烦别人”，另一方面害怕暴露无知，问题问得不好。

可现在是 AI 时代。DeepSeek 不会对你有“看法”，也不会因为你深夜打扰而“生气”。

同学们一定要勇敢提问——你有多好问，世界就有多辽阔。

- 提问，是发现未知世界的起点；
- 提问，是通往问题真相的桥梁；
- 提问，也是升级思维、让 AI 真正发力的开关。

在表 1-1 中，我整理了这份“全球高效学习者十大简明提问方法（最佳实践版）”，这是帮助中小学生走向高质量提问的必备工具。

表 1-1　全球高效学习者十大简明提问方法（最佳实践版）

| 提问方法 | 一句话用途 |
|---|---|
| 解释式提问 | 把复杂问题讲明白，让知识变简单 |
| 举例式提问 | 用生动案例加深理解，方便记忆 |
| 对比式提问 | 找出不同或相似，形成判断 |

（续表）

| 提问方法 | 一句话用途 |
|---|---|
| 迁移式提问 | 把学到的知识用到新场景里 |
| 拆解式提问 | 把大问题拆小，逐步解决 |
| 假设式提问 | 假如怎样会发生什么，锻炼跳跃式思维 |
| 反向式提问 | 换个角度看问题，挑战常规 |
| 观点式提问 | 形成自己的态度，并用理由支持 |
| 优化式提问 | 让已有方案或作品变得更好 |
| 延伸式提问 | 沿着问题往深里追问，拓展边界 |

**十大提问方法详解 + 典型案例**

①解释式提问：适合新知识学习，用简单语言讲清复杂概念。

- 请用生活中的例子解释“什么是函数”，讲给五年级同学听。
- 用费曼学习法讲解“工业革命”，并说说它和今天生活的关系。
- 三句话解释什么是“生涯规划”，并举一个身边人的例子。

②举例式提问：适合记忆和表达训练，用具体例子帮助理解抽象知识。

- 举三个生活中的摩擦力例子，说明它的作用。
- 请给出三种不同场合的问候语例子。
- 找三个不同小说中的人物例子，看谁最有勇气。

③对比式提问：适合横向思考，找出不同、相同与优劣。

- 比较甲午战争和鸦片战争的异同。
- 学习心理学和经济学哪个更适合我的性格？
- 演员和导演，谁更需要创新力？

④迁移式提问：适合跨学科应用，把学过的知识用到新情境。

- 这道数学题的解法，能用在生活中的哪些事情上？
- 单词记忆法能用在历史名词上吗？
- 番茄钟时间管理法能用在运动训练吗？怎么用？

⑤拆解式提问：适合大任务分解，逐步突破。

- 请帮我拆解一篇旅行日记的小作文写作流程。
- 分步骤拆解空气质量检测实验，并列出所需材料。
- 想录短视频，帮我分解出拍摄和剪辑的步骤。

⑥假设式提问：适合想象与创新训练，用“假如……”激发思维跳跃。

- 如果地球没有月亮会怎样？
- 如果我 20 岁不上大学，未来还能做什么？
- 如果小说主角是我，我会怎么做？

⑦反向式提问：适合打破思维定式，挑战常规。

- 如果这道题是错的，错在哪里？

- 如果没有互联网，我们该怎么学习？
- 什么专业最不适合我，为什么？

⑧观点式提问：适合表达和判断训练，形成自己的态度。

- 你同不同意书中这个观点？理由是什么？
- 你认为未来最酷的职业是什么？
- 你怎么看待“内卷”？说说你的看法。

⑨优化式提问：适合改进已有方案，让作品更完善。

- 我写的这段开头怎么改更吸引人？
- 这个实验步骤怎么优化能减少误差？
- 我的兴趣变现计划如何再完善？

⑩延伸式提问：适合深挖细节，拓展知识边界。

- 工业革命还带来了哪些意外影响？
- 解出答案后，这个公式还能应用到哪里？
- 如果时间被AI接管，人的管理能力还重要吗？

## 三大提问类型归纳

全球高效学习者的十大提问方法，可以归纳为三类：

- 搞清陌生概念：解释式、举例式、对比式
- 拓展知识边界：迁移式、拆解式、假设式、反向式
- 提升思维高度：观点式、优化式、延伸式

这三类提问方法层层递进，将贯穿下一章你会看到的“DeepSeek 高效学习法”的三境界，帮助你建立真正高效的思维能力。

而从本书第三章开始，你会进一步学习，如何把这些提问方法用在学科学习、跨学科学习、时间管理和生涯规划等场景中。届时，提问会更加多元，也更深入。

千里之行，始于足下。先从认知并实践这十种简明提问方法开始吧。

提问能力，是 AI 时代的第一能力。真正厉害的学习者，不是会回答多少题目的人，而是能比别人多问一步的人。

希望你用好这本书，也用好这十大提问方法，成为 AI 时代的“首席提问官”。

# 第二章

# 如何借助 DeepSeek 高效学习

过去二十年，无论是我先后三次成为父亲，还是掌舵少年商学院持续做教育创新实践，抑或我自己不断充电，如赴新加坡国立大学做高级访问学者，每次我被新理念刷新或被新技术冲击时，我都不是特别着急马上“求解”，而是在体验和探索中不断问问题——这到底是一个怎样的事情，它的底层逻辑是什么？对我而言它究竟意味着什么？

此时此刻，我们身处 AI 时代新学习变革的洪流之中。本书所谓的 DeepSeek 高效学习法，并不是简单地用 AI 来“提问”或“提效”，而是一种学习模式的根本性变革，是认知与思维的重构。

唯有从底层逻辑上，对这一学习模式有结构化的认知，才不至于在未来的实践过程中常常只见树木、不见森林。

为了便于孩子们理解，我从纵向和横向二个维度来呈现这一学习变革。正像 DeepSeek 的名称本身一样，Deep 代表着学习的深度，Seek 代表着学习的广度。

## 2.1 DeepSeek 高效学习法三境界

很多家长都希望孩子成为“高效学习者”，但什么才是真正的高效学习？是记住更多知识点、刷更多题目，还是提升考试成绩？其实，高效学习的真正目标，不是简单地积累知识，而是学会如何思考、如何解决问题、如何持续成长。

学习不是单一的记忆过程，而是由“记忆—理解—创造”三个不同层次或者说境界组成的。

DeepSeek 之所以能帮助孩子提升学习效率，并不仅是因为它能让他们更快地记住知识点，而是能让他们突破这三个境界，使学习真正变成一种高效、深度、可迁移的能力。

### 1 学习的三个境界：记忆、理解、创造

学习包含三个境界（见图 2-1）。

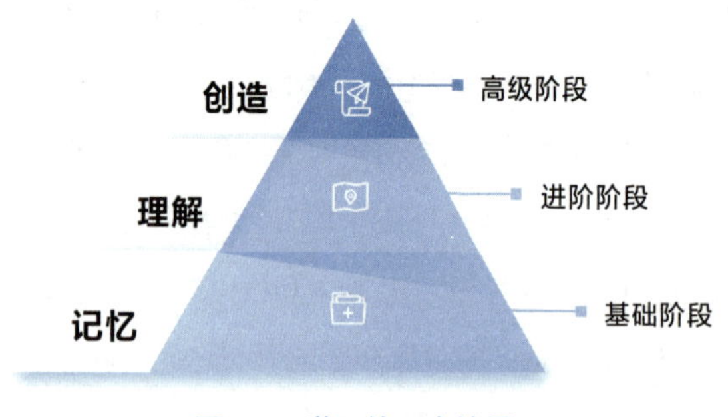


图 2-1　学习的三个境界

- 第一个境界：记忆（基础阶段）—— 这是学习的入口，孩子需要先把知识存入大脑，就像搭建知识的“原材料”库。
- 第二个境界：理解（进阶阶段）—— 仅仅记住还不够，孩子需要理解知识的内在逻辑，把零散的信息整理成完整的认知结构。
- 第三个境界：创造（高级阶段）—— 真正的学习高手，不只是掌握知识，更是能够运用知识解决现实问题，并创造新的见解。

听起来理论性太强吗？那我来打三个比方吧，让中小学生们马上就有代入感！

### ☑ 记忆 = 捕捉信息 + 巩固存储（像拍照和整理相册）

记忆的第一步是准确获取知识，就像拍一张清晰的照片，如果拍虚了（理解不到位），后面再怎么调整都没用。但光拍照还不够，如果不分类整理，时间久了就找不到想要的照片了。同样，记忆也需要重复回顾、关联学习等方法，把信息整理归档，方便以后随时提取。

### ☑ 理解 = 连接碎片 + 织出脉络（像侦探破案）

理解知识就像侦探收集线索，各个线索单独看可能没什么用，但当你把所有线索串联起来，找到关键证据时，就能看清整个案件的全貌。记忆是把信息存进大脑，而理解是把这些信息真正有意义地连接起来，形成完整的知识体系，真正做到融会贯通。

### ☑ 创造 = 组合已有 + 加点颠覆（像厨师发明新菜）

创造力不是无中生有的能力，而是让你像厨师一样，先掌握基本食材（已有知识），再通过变换搭配、创新调味，让一道菜变成独一无二的美味。最好的创造，往往来自对已有知识的灵活运用和突破，就像一道新菜品，既能让你尝到熟悉的味道，又能带来全新的体验。

过去，由于教学资源有限，按照二八定律，80% 学生的学习都集中在机械记忆阶段，老师讲什么，学生记什么；考试考什么，学生背什么。即使老师想培养学生的思维能力，也往往因为时间和考试压力而难以施展。

现在，AI 时代提供了无限的学习资源，80% 以上的学生本应能够理解知识，甚至能进一步应用知识，发展创造力。但现实中，大量学生依然停留在机械学习的阶段。为什么？

问题的关键在于，孩子们的学习路径并没有真正发生变化，许多孩子依然在低效学习方式中挣扎。如何从“记住”到“理解”，再到“创造”，仍然是家长和孩子需要面对的核心挑战。

## 2 从记忆到理解：关键在于建立联系

孩子的学习就像拍照——他们每天接收大量信息，把它们存入大脑的“相册”里。但如果只是把照片胡乱堆积，而不整理归类，那么等到真正需要用的时候，孩子就会手忙脚乱、找不到重点。这正是很多孩子的困境——他们学了很多知识，却无法将其串联起来，导致学过就忘，用时不会。

如果记忆是拍照，那么理解就是整理相册——孩子需要把知识按类别归档，找出它们之间的联系，让它们变得清晰、有逻辑，这样无论什么时候有需要，都能快速找到并运用。

很多孩子擅长死记硬背，但一旦需要独立思考，就发现自己无法灵活运用知识。这是因为，他们在记忆时，没有建立足够的知识连接，导致信息像“孤岛”一样分散在大脑中，无法互相作用。

如何突破？让 DeepSeek 和孩子一起“组队”，像侦探破案一样，找到知识的线索与脉络。

DeepSeek 就像一个小侦探，在学习过程中不断寻找新旧知识之间的关联。例如，当孩子学习物理学的“牛顿第一定律”时，它可能会引导他们回忆生活中惯性的例子，比如“公共汽车突然制动时，人会向前倾”，让他们把理论知识和现实场景联系起来。

此外，DeepSeek 还能帮助孩子自动归类知识，比如生成思维导图，让他们看到整个知识体系的逻辑关系，把“孤岛”变成“地图”。

## 案例　孩子为什么学不好数学

**传统方式：**老师讲解数学概念，学生死记定义，但考试时遇到稍微变化的题目就不会做。

**AI 助力：**DeepSeek 让孩子向 AI 提问，用三种不同角度（类比法、图解法、故事法）讲解概念，并提供不同的应用场景，让孩子在多个情境下“看到”数学的真实应用。

例如，孩子学习“勾股定理”时，DeepSeek 可能会提供一个古埃及测量土地的案例，再结合现实中的三角形桥梁结构，让孩子理解数学在实际生活中的作用，而不仅仅是记住数学公式。

当知识不再是彼此孤立的，而是像一张“信息网”一样互相关联时，孩子的理解能力就能大幅度提升。

## 3 从理解到创造：关键在于应用和探索

如果说理解是侦探破案，那么创造就是厨师做新菜。孩子需要在不同情境下运用知识，而不仅仅是“会做题”。就像厨师不会死板地照搬菜谱，而会根据食材调整味道，孩子也要学会灵活应用。AI 不能做到从 0 到 1 的创造，但可以协助孩子在探索式学习中提升思维能力，发现创造的可能性。

### 案例　如何用数学提升篮球投篮命中率

**传统方式：** 孩子学习物理中的抛物线概念，但只会在试卷上计算角度，无法理解现实意义。

**AI 助力：** DeepSeek 让孩子结合抛物线、重力和空气阻力等知识，计算投篮的最佳角度。

AI 甚至可以模拟投篮角度，让孩子自己调整数据，观察如何提高投篮命中率。

**结果：** 孩子不再觉得数学只是枯燥的计算，而是能真正影响他们的运动表现，从而激发学习兴趣。

## 案例 如何用 AI 预测热门音乐

**传统方式：** 孩子学习音乐理论，但不知道如何分析歌曲的流行趋势。

**AI 助力：** DeepSeek 让孩子用数据分析工具，对比热门歌曲的节奏、歌词情感、播放数据，预测哪些元素最可能让一首歌走红。

让孩子尝试改变某些音乐特征，比如调整节奏快慢，看看是否会影响歌曲的受欢迎程度。

**结果：** 孩子不仅理解了音乐的数学模型，还能运用这些知识进行创造，甚至尝试自己写一首符合流行趋势的歌曲。

## 案例 策划一次跨文化交流活动

**传统方式：** 学生被动学习外语和文化知识，但缺乏真实的跨文化交流体验。

**AI 助力：** DeepSeek 让孩子利用 AI 翻译工具、文化数据分析等技术，设计一次"模拟联合国"辩论赛，模拟不同国家的代表发言。

孩子需要查阅不同文化背景的信息，了解各国的价值观，并尝试用 AI 帮助他们优化表达。

**结果：** 孩子不仅提升了语言能力，还锻炼了跨文化沟通能力，为适应全球化时代做好准备。

在 AI 时代，高效学习不仅仅意味着“考高分”，更重要的是让孩子学会如何运用知识，如何创造性地解决问题。DeepSeek 高效学习法通过“拍照整理（记忆）”“侦探破案（理解）”“厨师创新（创造）”的方式，让孩子的学习更深入、更高效。

一句话总结：从“会学”到“会用”才是真正的高效学习。

## 2.2 DeepSeek 高效学习法三步走

讲完 DeepSeek 高效学习法的三个境界，即学习的深度之后，我们来说说 AI 时代学习的广度。广度代表着走得更远。

### 1 DeepSeek 高效学习法三步走——识别挑战、提出问题、选择方法

DeepSeek 高效学习法三步走包括识别挑战、提出问题、选择方法（见表 2-1）。

表 2-1 DeepSeek 高效学习法三步走

| 学习步骤 | 比喻 | 关键作用 |
|---|---|---|
| 识别挑战 | 确定破案方向 | 发现真正的学习瓶颈与问题，避免被表象误导 |
| 提出问题 | 找到关键线索 | 学会科学提问，在 AI 的协助下快速找到突破口 |
| 选择方法 | 选用破解工具 | 选择适合自己的方法或策略，而不是盲目采用 |

第一步，识别真正挑战——发现真正的学习瓶颈与问题，避免被表象误导。家长要关注孩子的特质，站在孩子的角度理解问题。

第二步，提出上乘问题——提问是 AI 时代重要的能力之一，与 AI 进行高质量互动，让孩子学会提问，而不仅仅是寻找答案。

第三步，选择最佳方法——AI 有时候呈现的方法琳琅满目。优先选择最适合的策略建议，而不是全盘接纳。另外，请将低价值任务交给 AI，高价值任务则让孩子自主探索。

为了便于孩子们形象地理解，我还是打三个比方："识别挑战"类似于一个侦探确定"破案方向"，"提出问题"有点像找到关键线索，而"选择方法"等同于选用破解工具。

你有没有发现，在这"三步走"中，DeepSeek 固然可以充当你和孩子的军师和智囊，但是你们却不能对它过于依赖。特别是第一步，识别真正挑战，需要家长对孩子、孩子对自己都有着深入的洞察，需要孩子善于捕捉并发现自己的学习风格、特质、个性甚至情绪。这是一个"向内求索"的过程。尽管 AI 也能大体上帮孩子列举一些破案方向，但正如我们的古话"解铃还须系铃人"，做出方向性的判断，还是要靠人，而不是机器！

第二步，提出上乘问题，这个倒是有章可循。在前文我分享了"全球流行的十大简明提问方法"，掌握了方法并提出了好的问题，DeepSeek 基于深度推理能力、情景模拟和分步引导优势，常常会给出很令人惊艳的回答。

但到了第三步，又需要考验孩子的判断力了：AI 给你三条路，你只能暂时选择一条，放弃另外两条。你会选择哪条？我一般给学生的建议是，选择那条看起来难的路——不是管一时之用的学习技巧，而是让你参透学习三境界的策略。这样的路，学生走几次就会发现，它才是最容易的路——因为越走越轻松。

## 2 DeepSeek 高效学习法三步走案例

### 案例 1　数学学习——为什么孩子总是学不好

#### 识别挑战

很多同学觉得数学难学，但你真正的问题到底是什么？是计算慢，是公式记不住，还是不会应用？

#### 提出问题

请向 AI 提出有针对性的问题，而不是笼统地问“怎么学好数学”。好的问题有助于 AI 给出更有效的反馈。

- “我的计算速度慢，应该如何提升？”（AI 提供速算技巧）
- “这道题的核心考点是什么？如何应用？”（AI 解析思路，提供例题）
- “数学如何与现实生活结合？”（AI 提供实际案例，如“如何用数学计算折扣最划算？”）

#### 选择方法

孩子可以结合 AI 的反馈，选择最适合自己的策略建议：

- 计算慢 ➡ 深度拆解计算步骤 +AI 计时练习，提高解题速度和准确度；

- 审题错误 ➡AI 生成“错因分析＋对比训练”，帮助识别易错点并强化理解；
- 公式记不住 ➡AI 制作个性化思维导图＋关联知识点，帮助孩子建立逻辑记忆链。

## 案例 2　时间管理——为什么孩子总是学不完

### 识别挑战

孩子每天坐在书桌前几小时，但效率低下，问题到底出在哪里？我一直在直播间里说，时间管理的本质不是效率，而是选择。很多同学对于多任务管理不得章法——不分优先级，同时又常把时间浪费在低价值任务（反复抄写、无意义的刷题），最后的狼狈可想而知。

### 提出问题

（列出背景信息和具体任务后可向 AI 提问）

- “哪些学习任务最重要？哪些可以减少？”
- “如何更合理地安排学习时间？”
- “AI 可以帮我调整学习节奏吗？”

### 选择方法

DeepSeek 会生成一份个性化学习计划，但孩子需要自己做选择，而不是完全依赖 AI。

- 每天的关键任务是什么？先完成核心任务 ✓

- 哪些任务可以减少？避免低效重复学习 ✖
- 采取怎样的时间管理策略，才能建立稳定的学习节奏？⌛

记住：时间管理的关键不是“做更多”，而是“做最重要的事”。后面的章节我还会专门讲到时间管理的话题。

## 案例 3　跨学科学习——如何打破学科界限

### 识别挑战

孩子总是觉得物理难学，历史枯燥，英语单词记不住……但这真的是因为这些学科难吗？ DeepSeek 高效学习法告诉你，很多孩子的问题在于没有找到学科之间的联系，导致学得很累。

### 提出问题

- “数学如何帮助我更好地理解物理？”（AI 解析数学在物理中的应用）
- “文学作品里的历史背景和真实历史有什么不同？”（AI 提供历史与文学的交叉点）
- “AI 能帮我整理不同学科的知识地图吗？”（AI 生成学科思维导图）

### 选择方法

孩子需要做的，不是被动接受 AI 提供的知识，而是学会如何连接不同学科：

- 用 DeepSeek 生成的跨学科知识地图，理解知识如何相互关联；

- 通过 AI 推荐的思维导图，找到不同学科的核心逻辑，而不是死记硬背。

这样的三步走实践下来，孩子会发现知识不是割裂的，而是相互连接的，正所谓“条条大路通罗马”。

2024 年深圳南山区小学四年级数学试卷，曾登上网络热搜——没错，未来跨学科学习和场景化应用，可能成为未来中高考出题的方向。过去你可能会说，这对学校、老师和学生都提出了更高的要求，请问有多少老师会跨学科教育呢？

可是现在，AI 时代的新学习变革给出了答案：DeepSeek 这类工具，就可以非常好地充当孩子的“私人教师”或“辅导老师”。甚至有几位来自不同城市的少年商学院的学员家长给我发现微信说，他们把深圳南山区小学数学试卷和自己孩子的数学试卷拍照“投喂”给 DeepSeek，然后让 DeekSeek 模拟前者风格，改造后者，最后生成的“新试卷”孩子非常喜欢！

在我这么多年的创新教育实践过程中，我还发现跨学科学习的一个让学生们欣喜的功能——就是让 AI 协助学生在优势科目与劣势科目之间或者兴趣爱好与劣势科目之间，架设一座桥梁，使得内容可以跨界，学习方法也可以迁移。譬如“跟着乐高学乘法口诀”“通过历史分析理解化学元素周期表”等。于是，关于是“扬长避短”还是“取长补短”的讨论也不存在了，因为“扬长”和“补短”可以兼得。

掌握 DeepSeek 高效学习法，还会有更多的惊喜。后面的章节再分科目与主题详述。

## 3 DeepSeek 高效学习法使用建议

现在，我们终于可以完整呈现 DeepSeek 高效学习法的结构图了（见图 2-2）。

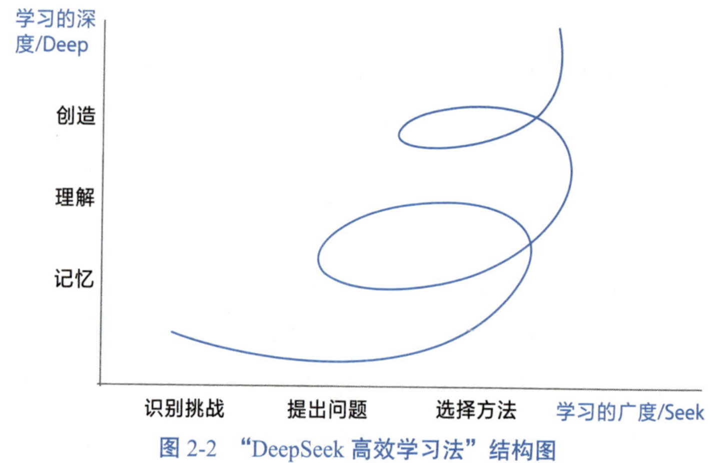


图 2-2 “DeepSeek 高效学习法”结构图

我们常说“人如其名”，现在是“法如其貌”：

DeepSeek 高效学习法 = 学习的深度（Deep）+ 学习的广度（Seek）

如果持续按照 DeepSeek 高效学习法实践、总结、复盘，你会发现 Deep+Seek>DeepSeek。为什么？因为这个式子中前项的主体是人，后项是机器。DeepSeek 可以升级你的学习引擎，但不能取代你的大脑。认知的区别决定了 AI 在不同人的学习和成长中充当不同的角色，而方法的优势则决定了在 AI 时代你到底能走多远。

以 DeepSeek 为代表的 AI 工具，十倍速地提高了人们的学习效果，提升并增强了学习的复利（见图 2-3）。这就是为什么我和方军在合著的《重新学会学习》一书中，反复强调 AI 不是搜索引擎，而是策略引擎；要充分借助 AI，让我们的孩子看到更大的可能性和更大的世界。

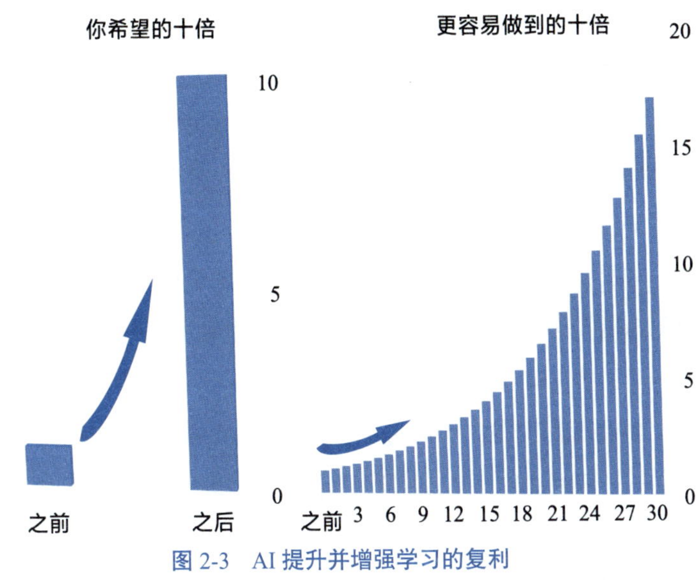


图 2-3　AI 提升并增强学习的复利

在使用 DeepSeek 高效学习法的过程中，我想给家长和孩子们三条小建议。

第一，建立 AI 提问日记，训练提问能力。

每天至少用 DeepSeek 向 AI 提出一个或一组高质量问题，并记录 AI 的回答。后面章节我们会分享全球流行的十大简明提问方法和三种深度提问方法。

第二，进行“刻意不用 AI”的刻意练习，培养孩子的独立思考能力。

你现在可能已经有了在遇到挑战或问题时向 AI 求助的习惯，这证明你的前脚已经迈入了 AI 时代。但是，我建议越是在你觉得特别紧急的时候，越是需要"让子弹飞一会儿"。你需要想清楚，自己遇到的真正挑战，到底是什么？

第三，低价值任务交给 AI，高价值任务自己探索。

每周末思考至少三件当周要做的事情，判断自己是否囿于低价值的学习和任务管理，譬如整理错题、翻译、背单词等记忆类任务，思考如何借助 AI 找到更高效的方法，以及如何去探索高价值任务。

如果把学习比作攀登一座高塔、通往知识巅峰的旅程，那么 DeepSeek 高效学习法的三境界——记忆、理解、创造，就是一部帮助同学们拾级而上的进阶指南。

如果把学习当成一场场闯关游戏，那么 DeepSeek 高效学习法三步走——识别挑战、提出问题、选择方法，就是一套帮助同学们顺利过关的攻略秘籍。

希望 DeepSeek 高效学习法，助力每一个中小学生学习跃迁，成为 AI 时代的新式学霸和超级学习者。

中　篇

# DeepSeek 高效学习法核心策略

第三章

# DeepSeek 如何提升学科学习效率

## 3.1 DeepSeek 如何成为你的“数理思维专家”

前段时间我为少年商学院的家长们做了一场直播，主题是“如何提升孩子的学业抗挫能力”。我随手查了一些最近几年发表的学术论文，其中一篇的结论是：青少年从小学高年级到初中，在数学学科上普遍遇到挑战。数学成为导致他们情绪不稳定或抗挫能力差的一个重要因素。

我一看论文的样本数据来源，是新加坡中小学生的样本调研和分析。我这几年正好旅居新加坡，因此有近距离体察的机会。众所周知，新加坡孩子的数学思维、能力与成绩全球领先，原来他们其实“过得不太好”，或者说背后有着“血泪史”。

数学并不仅仅是计算，更是一种对世界的理解方式。数学思维的培养，远比单纯的“做题、对答案”更重要。传统的数学学习方式，常常把数学变成一种机械的计算训练。此外，非常多的家长有过这样的困惑："孩子小时候学数学没问题，为什么年级越高越吃力？"其实不完全是数学变难了。真正的原因是，孩子没有形成良好的数学思维和提问习惯，导致他们在面对复杂问题时，缺乏有效的拆解和解决能力。

于是，包括新加坡在内的东南亚国家和地区的数学补习班比比皆是。好在现在 AI 来了。如果你善于使用 DeepSeek 这样的工具，孩子完全就可以像有了一个专属且贴心的"数理思维专家"，随时指导自己学习，省时、省力还省钱。

## 1 中小学生数学学习的四大挑战

DeepSeek 高效学习法三步走的第一步是识别挑战，下面看看咱们国内中小学生在数学学习中最常遇到的四大挑战，你遇到了几个（见表 3-1）？

表 3-1 中小学生数学学习最常遇到的四大挑战及相关表现、反应

| 挑战类型 | 主要表现 | 孩子的典型反应 |
| --- | --- | --- |
| 基础计算障碍 | 四则运算慢、计算易错、数学符号不理解 | "计算好难，我老是算错！" |
| 概念理解不清 | 公式记不住、定理不理解、缺乏直觉 | "我根本不知道这个定理是怎么用的。" |
| 解题思维受阻 | 应用题不会、解题逻辑混乱、解题方法单一 | "看到应用题，我就不知道怎么做。" |
| 跨学科应用困难 | 物理、化学、编程中的数学应用不懂 | "为什么编程要学数学？这跟我有什么关系？" |

面对孩子的表现和反应，家长一定得有耐心，一来不要马上让孩子向 AI 求助，二来应识别真正的挑战，进行正确的归因。

譬如，孩子对函数这一抽象概念理解不清，你如果误以为孩子需要的是“多背几遍”或“多做几道题”，就大错特错了。真相是孩子缺乏从具体到抽象的过渡，无法将公式与生活场景结合。

再譬如，孩子在应用题的解题思路上遇到挑战，不少家长认为孩子“粗心”或“不认真读题”。真相可能是孩子缺乏将文字转化为数学模型的能力，无法提取关键信息并建立解题逻辑；或者缺乏分步拆解和逆向思维训练，遇到复杂问题无从下手。

我遇到不少高中生常说：“这应用题的题目太长了，根本不知道从哪里下手。”

## 2 向 DeepSeek 提出高质量的数学问题

DeepSeek 高效学习法三步走的第二步是提出问题。我是一名教育工作者，也是一名父亲。我先对应上述青少年学数学的过程中遇到的四类挑战，列出常见的低效提问例子；再结合 DeepSeek 的优势，列出每类挑战对应的一组高质量提问。

每一组的示例提问都是实际问题，且覆盖了从小学到高中的不同年龄段。

## 挑战 1 基础计算障碍

（主要表现：计算速度慢、容易算错、概念模糊）

### 孩子常见的低效提问

- “为什么我总是算错？”
- “这道题怎么算来着？”
- “我记不住乘法口诀怎么办？”

### 如何向 DeepSeek 提出高质量问题

①为什么有些人心算特别快？他们用的是什么技巧？

②为什么有些计算方法比直接算更快？能不能举几个例子？

③如何用拆分法来做乘法，比如 $17 \times 8$？

④为什么带分数除法比整数除法更难？如何避免计算出错？

⑤怎么才能在不依赖计算器的情况下，快速计算平方根？

⑥如何用估算方法检查自己计算是否正确？

⑦有哪些适合三年级小学生的心算训练方法？

⑧我在做多位数除法时，总是对不齐位数，怎么解决？

⑨为什么“交叉相乘”在分数计算中很好用？

⑩ DeepSeek 能帮我生成一套“速算技巧训练题”吗？

### 提问技巧总结

- 问“方法”，而不是问“答案”，如“如何更快计算”而非“这道题怎么算”。
- 让 AI 解释计算逻辑，如“为什么这样做更快”而不是“怎么做”。

- 训练 AI 生成个性化练习题，帮助孩子针对性提升计算能力。

## 挑战 2 概念理解不清

（主要表现：公式记不住、题目看不懂、不知道概念怎么用）

### 孩子常见的低效提问

- “这个公式是什么意思？”
- “我就是记不住这些定理怎么办？”
- “为什么有些题看起来都一样，但解法完全不同？”

### 如何向 DeepSeek 提出高质量问题

①这个数学公式的推导过程是什么？能不能一步步讲解？

②为什么勾股定理在三角形里适用，但在别的形状里不行？

③这个几何定理的本质到底是什么？能不能用一个生活中的例子解释？

④如何判断一道题应该用哪个数学公式？有没有通用的方法？

⑤我能不能自己推导出这个公式？你可以引导我一步步思考吗？

⑥为什么函数的“自变量”和“因变量”这么重要？

⑦深度学习中的“矩阵运算”是如何和高中数学的矩阵知识对应的？

⑧ 50% 概率和抛硬币的关系是什么？为什么抛 10 次硬币不一定得到 5 次正面和 5 次反面？

⑨能否生成不同的例子，帮我理解“极限”的概念？

⑩数学概念之间是如何关联的？你能帮我画个“数学概念地图”吗？

### 提问技巧总结

- 多问“为什么”，让 DeepSeek 解释概念，而不是直接提供公式。
- 用类比和比喻理解抽象概念，如“函数就像魔法盒”。
- 请求 DeepSeek 生成不同角度的解释，确保自己真正理解，而不是死记硬背。

## 挑战 3　解题思维受限

（主要表现：应用题不会、解题逻辑混乱、解题方法单一）

### 孩子常见的低效提问

- “这道题到底怎么做？”
- “是不是只能用这个方法？”
- “为什么我一看到题目就蒙了？”

### 如何向 DeepSeek 提出高质量问题

①这类数学题有什么解题思路？能不能总结一个通用方法？

②碰到不会的题，我应该先画图，还是先列公式？

③这道题可以倒推解吗？怎么训练逆向思维？

④如何判断哪种方法最适合解这类题？

⑤考试时如何提升计算速度，避免卡壳？

⑥为什么有些题目换个思路就能更快解出？

⑦这类题的解法能不能用在其他题型上？

⑧不同解法各有什么优缺点？哪个解得最快？

⑨考试时间紧张时，如何快速筛选哪些题值得做？

⑩数学思维可以用在现实生活中吗？比如怎么买东西最划算？

### 提问技巧总结

- 让 AI 拆解问题，而不是直接给出答案。
- 学会逆向思考，尝试从结果倒推步骤。
- 请求 AI 生成不同的解题方法，帮助自己找到最适合的策略。

## 挑战 4　跨学科应用困难

（主要表现：数学和其他学科脱节、不知道如何将数学应用到现实中）

### 孩子常见的低效提问

- “学数学有什么用？”
- “为什么物理题里总是有数学公式？”
- “数学和编程有什么关系？”

### 如何向 DeepSeek 提出高质量问题

①如何用数学计算最佳投篮角度，提高命中率？

②“时间是金钱”是真的吗？如何用数学证明“复利”是财富增长的关键？

③如何用数学优化密室逃脱游戏的谜题设计？

④如何用数学分析一场足球比赛？射门成功率、传球策略、跑

位如何量化？

⑤外卖平台是如何用数学算法优化配送路线的？为什么“送外卖”也是一道数学题？

⑥如何用数学计算最佳地铁换乘路线，提高通勤效率？

⑦天气预报为什么越来越准？数学在气象预测中扮演了什么角色？

⑧彩票中奖的概率到底有多低？为什么买 1000 张彩票也不一定能中大奖？

⑨高铁列车如何精准控速？如何计算“最省时又省能量”的运行方案？

⑩ AI 是如何“读懂”一篇文章的？它如何用数学模型分析语言和情感？

**提问技巧总结**

- 把数学和真实世界联系起来，找到数学的实际应用场景。
- 训练数学建模思维，让 AI 生成现实问题的数学分析。
- 用数学解释科技、经济、科学等问题，拓展数学思维边界。

上面的四类挑战和四组高质量 AI 提问，会不会让你有一种眼花缭乱的感觉？现在各位同学和家长都还在摸索 AI，我建议你尽管大胆尝试。你可以根据孩子的年龄段，对上面列出的所有问题稍作修改，再让孩子逐一去向 DeepSeek 提问。你想让 DeepSeek 高效学习法变成一种习惯，就需要大量的练习实践。还好这种实践不是刷题，而是真正提升思维。

## 3 针对五大数学学习挑战的 AI 训练策略

DeepSeek 高效学习法三步走的第三步，是选择方法。AI 能提供许多解题思路，但并不是所有方法都值得孩子去练习。针对上述四类数学学习挑战，如果各选出一种值得好好琢磨、反复测试的方法，那分别是什么？我在此简单提炼一下。

### 方法 1　AI 智能口算与思维计算训练

对应挑战 1：基础计算障碍

**如何操作**

计算速度挑战赛：孩子可以让 DeepSeek 生成逐步增加难度的计算题，挑战自己的计算速度。

“为什么这个计算方法更快？”：孩子可以让 AI 解析不同计算方式的优劣，比如 36×25 该用竖式计算，还是拆分成 36×（100÷4）？

智能错题分析：让 DeepSeek 追踪孩子的计算错误模式，自动生成类似题目进行针对性训练（本书后面的章节还会专门介绍“AI 错题本”）。

### 方法 2　AI 动态可视化与直觉推理训练

对应挑战 2：概念理解不清

**如何操作**

提问“这个概念能不能用动画演示”，让 AI 生成动态可视化

（本书最后一章会介绍 DeepSeek 如何与别的 AI 工具结合）的结果，比如指数函数增长可以用“细菌繁殖”模拟，分数的加减法可以用“切蛋糕”展示，让抽象概念变得直观易懂。

提问“这个公式的推导过程是什么”，让 AI 逐步拆解推理过程，一步一步来。比如勾股定理可以用折纸展开的方法理解，避免死记硬背。

提问“这类概念在生活中有什么应用”，让 AI 关联真实场景，比如对数不仅用于数学计算，还用于衡量地震震级、音量大小，让孩子看到数学的实际应用价值。

## 方法 3　AI 多解法对比与思维拆解训练

对应挑战 3：解题思维受限

### 如何操作

提问“这道题可以用几种方法解”，让 AI 提供多种解法，比如“鸡兔同笼”问题，可以用方程法、假设法、列表法解，哪种解得更快？

提问“如果题目换个问法，解法还适用吗”，让 AI 生成变式题，帮孩子适应不同考法，比如把“已知头和脚的总数”换成“已知鸡比兔多几只”。

提问“这类题的解题思路有什么共同点”，让 AI 归纳题型特点，比如方程法和假设法的联系，培养孩子的数学总结能力。

## 方法 4 AI 数学建模与真实应用训练

对应挑战 4：跨学科应用困难

### 如何操作

提问“这个现实问题，怎么用数学建模”，让 AI 提供建模思路，比如如何用数学优化外卖配送路线？

提问“给我 3 个学科跨界的例子”，让 AI 生成数学 + 物理 / 经济 / 生物的结合案例，帮助孩子理解跨学科思维。

提问“我想设计一个数学游戏，AI 能帮我吗”，让 AI 生成互动式数学谜题，帮助孩子提升创造力。

数学，不只是一门考试科目，更是理解世界的钥匙！所谓“绝知此事要躬行”，希望同学们遵照 DeepSeek 高效学习法三步走，积极思考，识别挑战；大胆提问，不断追问；选择方法，持续实践。

做高价值数学训练，而不要低效刷题。上述方法我也在引导我们家三个孩子尝试、体验、感受。而当他们有了一个好主意，或提了一个好问题时，AI 给出的反馈也非常令人惊艳。在他们尖叫的时候，我甚至有一些嫉妒——我上学的时候能够有这样的智能工具就好了，数学当年还是我的优势学科呢！

## 3.2 DeepSeek 如何成为你的写作教练

我从小在农村长大，小时候家庭条件差，生性敏感，对世界的感知能力较强。写作成为我表达这种感知的方式之一。我从 12 岁开始写日记，如今 42 岁了依然在写。是对世界的好奇、敏感和对走出农村的渴求，让我成了记者，后来又创业做教育研究。这两个职业的共性都是内容创作，都在于启蒙人。

我一路走来写了好多字，也出版了不少书。我家大儿子遗传了我的这方面特性，他也有着与我类似的性格，并且从小也是一位写作高手。我在《世界是我们的课堂》里记录了他 8 岁开始创作“疯狂兔”，之后两年写了几万字系列小说的经历。

“有写作基因”成为一些朋友给我大儿子贴的标签。可是我的二儿子为什么没有这个“写作基因”呢？他经常写作犯难，我在引导他的过程中费了不少工夫。实际上，“写作基因”可能是个伪命题。有一位写作教练，能基于你的个性，通过科学的方法进行引导，才是王道。随着我的二儿子、三儿子的写作能力慢慢提上来，“人家老爸毕竟很会写，咱没这条件”的评价又出现了。

有了 ChatGPT，我就迫不及待想写本有关 AI 时代高效学习法的书。而 Deepseek 的到来，更让我特别想大声呼喊：只要有意愿，每个孩子都有可能在优越的条件下，去成为一个写作高手。

写作，绝不仅仅是应对应试作文，更是一个人的思考力、感受力、表达力和创造力的体现。只要用好 DeepSeek，孩子们不仅可以拥有一位“贴身写作教练”，还能通过 AI 不断激发灵感、训练思维，甚至找到自己的写作风格。

## 1 孩子写作的五大挑战

DeepSeek 高效学习法第一步，识别挑战。在 AI 时代，孩子们又该如何正确利用 AI 来提升写作能力，而不是变成“复制粘贴”的机械式学习者？我们不妨先来看看，孩子写作的五大挑战。

### 挑战 1　没思路——空白选手

**典型表现：提笔就卡住，不知道写什么，构思困难。**

孩子面对作文题目，脑袋一片空白，感觉无从下手，甚至直接抄作文书、照搬范文。就像玩一个寻宝游戏，地图在手，却找不到入口。

**可能的原因**

- 生活积累不足，缺乏素材来源；
- 观察力较弱，不知道如何从日常生活中提炼故事；
- 不习惯主动思考，过于依赖老师的方法或范文的框架。

### 挑战 2　没逻辑——混乱叙述者

**典型表现：想到什么写什么，文章结构混乱，逻辑不清晰。**

孩子写作文像是进行一场“迷宫探险”，但手上没有地图——情节跳跃、前后矛盾、主题不明确，让人读不懂重点在哪里。

**可能的原因**

- 不会列提纲，写作前没有梳理文章的整体框架；
- 逻辑思维能力弱，难以把“起因—经过—结果”串联起来；
- 语言表达习惯口语化，缺乏结构化思维训练。

## 挑战 3　没细节——干巴巴的讲述者

**典型表现：写出来的文章干巴巴，缺乏生动的细节和画面感。**

孩子写作文就像穿一身黑白灰的衣服，没有任何装饰。整篇文章只有枯燥的叙述，缺乏生动的描述和细腻的情感表达。

**可能的原因**

- 词汇量不足，不会用比喻、排比等修辞手法；
- 观察力训练不足，写作时抓不到重点细节；
- 不懂得调动五感（视觉、听觉、触觉、嗅觉、味觉）让文章更生动。

## 挑战 4　没深度——浅层表达者

**典型表现：文章观点只停留在表面，缺乏深入的思考。**

很多孩子写作文只是单纯地描述事情，而不是分析、探讨背后的道理，导致文章平淡无奇，没有思想深度。

**可能的原因**

- 批判性思维训练不足，缺乏独立思考能力；
- 书籍阅读量少，缺少更广阔的知识背景和思维养分；
- 害怕表达不同观点，倾向于迎合标准答案。

## 挑战 5　没自信——犹豫下笔者

**典型表现：写完作文不敢给别人看，害怕被批评或觉得自己写得不够好。**

孩子写完作文后，总觉得“不够完美”，害怕被老师或同学评价，甚至因此产生写作焦虑，影响表达欲望。

**可能的原因**

- 过于追求完美，害怕被指正和要求修改；
- 缺乏正向反馈，写作成了一种痛苦的任务；
- 对自己的写作能力没有信心，不敢大胆尝试。

每个孩子都有可能在写作的某个阶段遇到以上五大挑战中的一种或多种，而 DeepSeek 可以充当孩子的贴身写作教练。就像足球教练不会在正式比赛中下场踢球，写作教练不是直接代替孩子写作，而是帮助他们找到适合自己的思考方式和表达方法。

接下来，我们就来看看，孩子们应该如何向 AI 提出高质量的问题，让 DeepSeek 变成真正的“写作神器”！

## 2 向 DeepSeek 提出高质量的写作问题

DeepSeek 高效学习法第二步，提出问题。我收集了张华读书会众多家长学员们的问卷，归纳出针对五大写作挑战，孩子们想突破，但是无论向人还是向 AI 请教，都可以说是低效的提问。然后，我列出相应的更有效的高质量提问方式，让孩子学会如何和 AI 进行有意义的互动，真正提升写作能力。

### 让 DeepSeek 成为你的“宝藏猎人”

对应挑战 1：没思路

#### 孩子常见的低效提问

- “这篇作文应该怎么写？”
- “能不能给我一篇范文？”
- “我不知道写什么，你帮我写吧！”

这些提问的核心问题在于，孩子还是在运用“找答案思维”，而不是自己去思考和构思。如果依赖 AI 生成文章，孩子的写作能力反而会下降。

#### 如何提出更好的问题

①这个作文题目可以从哪些角度入手？能帮我列出三至五个不同的切入点吗？

②我最近参加了一次有趣的活动，你能帮我找到其中最值得写的故事点吗？

③如果我要写一篇关于友情的作文，我可以从哪几种类型的故事入手？

④你能帮我模拟一个‘头脑风暴’，引导我找到更多灵感吗？

⑤写记叙文时，有哪些开头方式可以让文章更吸引人？

⑥如果我想写一篇关于未来科技的想象作文，你能帮我列出一些创新点吗？

⑦如何用“如果……那么……”的方式构思一篇有趣的故事？

⑧可以给我一些触发创意的‘假设’问题，让我思考新的角度吗？

⑨如果我要写一篇科幻故事，你能给我提供三种不一样的情节设定吗？

⑩我的文章缺乏新鲜感，如何让它更有趣？能举例说明吗？

**提问技巧总结**

- 不要直接要答案，而是请求 AI 提供思路、列举角度。
- 用“头脑风暴”的方式，让 AI 帮助拓展思维，而不是代劳写作。
- 让 AI 给你多个选择，这样你可以自己决定最终的写作方向。

## 让 DeepSeek 成为你的“地图制作者”

对应挑战 2：没逻辑

**孩子常见的低效提问**

- “我的文章逻辑是不是不清晰？”

- “这篇作文哪里不对？”
- “为什么感觉我写的故事乱七八糟？”

这些问题太过宽泛，即使问 AI 也很难给出精准的建议。写作逻辑不清，往往是没有列提纲，没有建立清晰的文章结构。

**如何提出更好的问题**

①“这篇文章的结构是否合理？有没有更好的组织方式？”

②“记叙文的‘起因—经过—结果’结构该如何优化？”

③“议论文三段式（观点—论据—总结）如何更有说服力？”

④“如何用‘并列结构’让我的段落层次更清晰？”

⑤“我的文章转折不够自然，如何让过渡更流畅？”

⑥“我的作文中间部分太混乱了，有没有更清晰的调整建议？”

⑦“AI 能帮我用‘思维导图’的方式，整理这篇文章的逻辑吗？”

⑧“如何用‘先总后分’的写法，让文章条理更清楚？”

⑨“如果我的结尾太仓促，如何用‘点题＋升华’的方式收尾？”

⑩“如何让我的作文从‘流水账’变成‘有节奏感’的叙述？”

**提问技巧总结**

- 让 AI 帮助优化文章的逻辑框架，而不是只关注单个句子。
- 使用“思维导图”或“结构优化”的方式，让 AI 提供文章整体调整建议。
- 让 AI 指出关键问题，而不是让它直接改文章。

## 让 DeepSeek 成为你的“时尚设计师”

对应挑战 3：没细节

### 孩子常见的低效提问

- “为什么我的文章读起来很无聊？”
- “如何让我的作文更生动？”
- “怎样才能写得更有趣？”

这些问题过于笼统，无法精准定位文章缺乏细节的问题所在。真正的关键是增强画面感、调动五感、增加具体描述。

### 如何提出更好的问题

①“如何用‘五感描写法’让我的文章更有画面感？”

②“能帮我用比喻句改写这段文字，让它更生动吗？”

③“如何用对话代替冗长的描述，让情节更有代入感？”

④“我写了一段关于雨天的描写，能否帮我加一些有趣的细节？”

⑤“如何用‘先放大后缩小’的描写方式，让场景更生动？”

⑥“如何在我的作文中融入‘对比’手法，让表达更有层次？”

⑦“如何用环境描写来暗示人物的情绪变化？”

⑧“可以帮我调整这段话，让它看起来更有节奏感吗？”

⑨“写人物时，我如何用‘动作＋心理描写’让人物更有立体感？”

⑩“如何用‘寓言式’的写法，让我的文章既有趣又富有哲理？”

### 提问技巧总结

- 让 AI 提供更生动的表达方式，比如比喻、对比、动作描写等。
- 让 AI 优化文章的细节，比如环境描写、人物情感刻画。
- 让 AI 用不同方式重写句子，让孩子学会更丰富的表达。

## 让 DeepSeek 成为你的“语言工匠”

对应挑战 4：没深度

孩子的文章很可能缺乏深度，特别是在议论文、说明文等需要逻辑推理和论证的文章类型中。许多孩子的作文观点浮于表面，缺乏有力的支撑和层层递进的思考。

### 孩子常见的低效提问

- “这篇文章写得够深入吗？”
- “这句话能不能说得更清楚？”
- “为什么我的作文看起来很普通？”

这些问题太过笼统，孩子并没有精准找到自己的薄弱点。写作深度的提升，关键在于加强论证、增加逻辑支撑、拓展多角度思考。

### 如何提出更好的问题

① “我的观点是否缺乏论证？你能否提供三个有力的论据支持？”

② “如何让这篇文章的中心思想更有层次感？可以帮我梳理逻辑结构吗？”

③“这篇文章有哪些地方显得‘空洞’？能否帮我添加具体的事实或案例？”

④“你能不能帮我用‘因果分析法’，让我的论点更具说服力？”

⑤“如何用‘提出问题—分析原因—解决方案’的结构，让我的议论文更清晰？”

⑥“我在作文里用了‘好’和‘坏’这样的评价词，AI 能帮我换成更精准的表达吗？”

⑦“如何用数据或研究结论，来增强我的文章可信度？”

⑧“有哪些名人名言或历史案例可以支持我的观点？”

⑨“你能帮我分析这篇作文中观点的漏洞吗？”

⑩“如何让这篇文章在结尾部分升华，而不是简单重复观点？”

**提问技巧总结**

- 让 AI 提供更有力的论据，而不要泛泛而谈。
- 让 AI 帮你发现文章中的逻辑漏洞，增强说服力。
- 让 AI 提供数据、历史案例、名人名言等支撑材料，提升文章的深度。

## 让 DeepSeek 成为你的“激励大师”

对应挑战 5：没自信

很多孩子害怕写作，一提到写作文就没有信心。他们觉得自己写得不够好，或者写完后总觉得哪里不对，却不知道怎么改。这导致他们对写作越来越抗拒，甚至下意识逃避。

**孩子常见的低效提问**

- “我的作文是不是很糟糕？”
- “能帮我改成‘满分作文’吗？”
- “我怎样才能变得擅长写作？”

这些问题带有强烈的自我否定，没有具体指向，也让 AI 很难精准给出有价值的反馈。写作的自信心提升，关键在于培养写作习惯、建立反馈机制、通过小目标获得成就感。

**如何提出更好的问题**

①“我有哪些写作优点？能帮我指出文章中最好的部分吗？”

②“这篇文章有哪些值得优化的地方？请告诉我三个具体改进点。”

③“如何养成每天写作十分钟的习惯？可以帮我制订一个练习计划吗？”

④“能否给我提供一份‘成长型反馈’，告诉我这篇作文的进步点？”

⑤“能不能给我一篇类似风格的优秀作文，让我学习写作技巧？”

⑥“如何用 AI 进行‘渐进式写作训练’，一步步提高表达能力？”

⑦“有没有‘写作游戏’或趣味练习，让我在轻松的氛围中提升写作能力？”

⑧“如果我每天写一段日记，可以帮我整理成长轨迹吗？”

⑨“如何调整心态，让自己更愿意尝试写作？”

⑩“如何从模仿开始，让自己逐步形成独特的写作风格？”

**提问技巧总结**

- 让 AI 提供鼓励性的反馈，帮助孩子找到写作中的亮点。
- 让 AI 帮孩子制订日常训练计划，逐步提升写作能力。
- 让 AI 用“渐进式改进”方式，帮助孩子建立自信，而不是直接提供“完美答案”。

## 3 针对五大写作挑战的 AI 训练策略

DeepSeek 高效学习法第三步，选择方法。针对上述五大挑战和诸多个性化问题，AI 会给你很多策略和建议。我精选五种 AI 训练方法，帮助孩子用 AI 进行高效、科学、创造性的写作练习。

### 方法 1 AI 头脑风暴训练

（对应挑战 1：没思路）

适用对象：总是“无从下笔”的孩子

训练目标：培养孩子的联想能力，找到独特的写作角度

**如何操作**

AI 关键词联想

- “DeepSeek 你好，我要写一篇关于‘未来学校’的文章，你

能列出十个不同角度的切入点吗？”

- AI 可能会提供：“AI 课堂、虚拟现实实验室、机器人老师、作业自动批改……”

情境式问题激发灵感

- “如果我是一个 100 年后的学生，你觉得我的一天会是什么样的？”
- AI 可能会模拟 2125 年的学校生活，让孩子获得沉浸式体验。

### 为什么这个训练方法有效

- 让孩子摆脱“写不出”的困境，提供灵感输入。
- 让孩子尝试不同视角，提升创造性表达。

## ✓ 方法 2　AI 思维导图训练

（对应挑战 2：没逻辑）

适用对象：作文总是缺乏条理、逻辑不清的孩子

训练目标：培养孩子的结构化思维，让文章更清晰

### 如何操作

生成文章提纲

- “我要写一篇关于‘人工智能对未来社会的影响’的议论文，能帮我列出大纲吗？”
- AI 可能提供如下内容。

  ①引言：介绍 AI 发展现状。

  ②正方观点：AI 带来的便利（自动驾驶、医疗诊断）。

③反方观点：AI 可能引发的挑战（失业风险、数据隐私问题）。

④结论：AI 的发展需要平衡。

思维导图结构训练

- "AI，你能把这个大纲做成一张思维导图吗？"
- AI 可能生成"中心主题→主要分论点→具体例子"的图解，帮助孩子更直观地理解文章结构。

**为什么这个训练方法有效**

- 让孩子学会框架化写作，避免思维跳跃
- 让孩子掌握议论文、说明文等文章的结构逻辑

### 方法 3　AI 文风模仿训练

（对应挑战 3：没细节）

**适用对象：** 作文千篇一律、缺乏个性的孩子

**训练目标：** 提升孩子的文风塑造能力，让表达更具特色

**如何操作**

让 AI 用不同风格改写

- "请帮我用幽默风格重写这段描述。"
- AI 可能会将"天很热"改成"太阳像个烤箱，把大地烘得吱吱作响"。

模仿名家写作技巧

- "我喜欢李娟老师《我的阿勒泰》的风格，你能帮我用她的

风格改写这段文字吗”，AI 可能模仿李娟的笔法，使语言更犀利有力。

### 为什么这个训练方法有效

- 让孩子摆脱“千篇一律”的模板化写作。
- 让孩子尝试不同文风，找到最适合自己的表达方式。

## 方法 4　AI 精准修改训练

（对应挑战 4：没深度）

适用对象：作文语法错误多、词汇单一的孩子

训练目标：提升语言表达能力，减少低级错误

### 如何操作

AI 语法纠错 + 解释

- “请帮我检查这段文字的语法错误，并告诉我为什么错。”
- DeepSeek 可能指出：“‘他比我更加聪明’应改为‘他比我聪明’，因为‘更加’在这里是冗余的。”

AI 词汇优化

- “AI，帮我替换‘好’这个词，让它更精准。”
- AI 可能提供：“美味（食物）、精彩（演出）、迷人（风景）……”

### 为什么这个训练方法有效

- 让孩子学会精准用词，提高语言质量。
- 让孩子理解语法错误，而不是进行机械性修改。

## ✓ 方法 5　AI 互动式写作训练

（对应挑战 5：没自信）

**适用对象：** 对写作缺乏兴趣、容易放弃的孩子

**训练目标：** 让写作变得像游戏一样有趣，培养孩子的长期写作习惯

### 如何操作

故事接龙游戏

- “我们来玩个故事接龙游戏，我写一句，你帮我接着写。”
- 例如，“一天，小明走进一片神秘的森林……”→ DeepSeek 可能接出一个惊险的冒险故事。

每日写作挑战

- “请你给我一个‘每日写作任务’，要求 100 字以内。”
- DeepSeek 可能提供：“用 100 字描述‘如果猫会说话，它会说什么’。”

### 为什么这个训练方法有效

- 让写作变得像游戏，让孩子更愿意动笔。
- 让孩子养成每天写一点的好习惯。

表 3-2 总结了五大 AI 训练方法。

表 3-2　五大 AI 训练方法总结

| 挑战类型 | 训练方法 | 适用写作类型 | AI 角色 |
| --- | --- | --- | --- |
| 没思路 | AI 头脑风暴 | 议论文、想象作文 | 宝藏猎人（帮助孩子挖掘创意灵感） |
| 没逻辑 | AI 思维导图 | 议论文、说明文 | 地图制作者（帮孩子梳理思路、搭建框架） |
| 没细节 | AI 文风模仿 | 记叙文、抒情散文 | 时尚设计师（塑造个人写作风格） |
| 没深度 | AI 精准修改 | 所有文体 | 语言工匠（提升用词精准度，优化表达） |
| 没自信 | AI 互动式写作 | 记叙文、小说创作 | 激励大师（用互动游戏激发写作兴趣） |

读到这里，你应该有八成的信心善用 DeepSeek，让孩子真正成为一个敢写作、会写作的人，甚至成为一个写作高手了吧？

除了上述的精选方法，我个人极力推荐的一个方法是，利用 DeepSeek 发起“AI 辩论赛”，提升批判性思维。

## 4 利用 DeepSeek 发起“AI 辩论赛”

一来，很多孩子在写作时，容易观点单一，只会简单表达自己的想法，缺乏深度。一个好的写作者，必须能站在不同立场思考问题，形成完整的论证体系，从而提高其议论文写作能力。二来，虽然本书的内容是关于高效学习方法的，但帮助孩子进行人生观、世界观的建构，比掌握方法要重要百倍。“AI 辩论赛”是一种批判性思维训练，对于引导孩子独立思考、以多元化视角看世界，以及拥有成长性思维与开放的胸襟都有裨益。

### "AI 辩论赛"如何操作

第一步，选择辩题。例如，"手机应该被允许带入课堂吗？""考试成绩能真正代表一个学生的能力吗？"

第二步，分配角色。确认你和 DeepSeek 的正方、反方角色。

第三步，开始辩论。你可以列出辩论规则，双方都要遵守。

第四步，总结复盘。至少五个回合后，暂停下来，让 DeepSeek 换成裁判的角色，来点评双方表现。实际上主要为你刚才的表现进行梳理，查漏补缺，提出优化建议。同时你也可以让 DeepSeek 说一下它背后的逻辑和一些可借鉴的规律与方法。

如果你中途卡壳，可以借鉴上文提及的方法来提出好的问题，譬如，"请提供支持这个观点的三个理由""反对这个观点的人一般会怎么反驳""如何用数据或案例支持这个观点""刚才我的论证似乎有逻辑漏洞，如何优化"。同样，辩论完成后，你如果还想精进，可以写一篇完整的议论文，或者让 DeepSeek 将你在辩论过程中呈现的内容生成一篇逻辑清晰的文章——这就是你的原创作品。我建议你最好打印出来，自己去学习自己的"大作"，整个过程下来，你会非常有能量，也很有成就感，未来也会变得更通透。

### 附：全球中小学最近几年流行的十大经典辩题

①手机应该被允许带入课堂吗？

②考试成绩能真正代表一个学生的能力吗？

③人工智能会取代人类的工作吗？

④网络游戏是洪水猛兽吗？

⑤城市是否应该全面推广人脸识别技术？

⑥ AI 生成的虚拟偶像能取代真人明星吗？

⑦“成功”是考上好大学，还是找到热爱的事业？

⑧做一个普通但快乐的人，还是做一个成功但压力大的人？

⑨如果人类可以永生，这到底是好事还是坏事？

⑩未来的教育应该完全由 AI 教师主导吗？

## 3.3 DeepSeek 如何成为你的阅读导师

阅读应该是每个人一生的习惯，我庆幸自己一直保持着这一习惯。不管多忙，当你沉浸在好书中时，整个世界都安静了。我也非常注意引导我三个孩子的个性化阅读路径和培养他们的阅读习惯。现在他们在新加坡读书，学校对阅读重要性的强调比之前的学校有过之而无不及。

但我知道，如今不少家长在孩子阅读这件事上会有一些纠结，那就是为什么书买了一大堆，但孩子就是不爱阅读、三分钟热度或浅尝辄止。还有一类家庭的情况更富戏剧性：我的孩子平时爱读书，但考试的时候阅读理解题目答得很一般，考试时写出的作文更是一般——这到底是为什么呢？

阅读并不仅仅是“识字 + 理解文章”，它的背后是更复杂的能力体系，包括获取信息、逻辑分析、批判性思维、跨学科理解、深度思考等多个维度。在 AI 时代，阅读不是一项“基础技能”，而是每个人构建知识体系、提升思维能力，甚至避免被信息洪流误导的关键。在这一节中，关于如何高效提升孩子的阅读能力，我来给出实用攻略。在这个过程中，DeepSeek 可以充当每个孩子个性化的“阅读导师”。

## 1 孩子阅读能力的五大挑战

DeepSeek 高效学习法的第一步，就是识别真正的挑战，而不是被表象误导。很多家长以为“孩子不爱阅读”只是因为对阅读不感兴趣，或者觉得“多读书就能解决一切”，但真正影响阅读能力的，可能是以下五大核心挑战中的一个或多个。

### 挑战 1　浅阅读，抓不住重点（“信息过载者”）

#### 典型表现

孩子在阅读时习惯性地“扫读”，看到一大段文字就直接跳过，无法抓住文章的关键信息，阅读效率低。

#### 可能的原因

- 过于依赖碎片化信息，习惯浏览短视频、社交媒体的快节奏内容，导致深度阅读耐力下降；

- 不懂得如何寻找文章的核心观点，读完后仍然“一头雾水”；
- 缺乏有效的阅读策略，比如如何做标注、如何总结关键信息。

## 挑战 2　只看表面，不深入思考（“浅层理解者”）

**典型表现**

文章看完了，但孩子无法真正理解作者的观点，也无法进行深入思考或讨论。

**可能的原因**

- 只关注文章的表面信息，而没有思考文章背后的逻辑、结构和观点；
- 不习惯提问，不会质疑文章的内容，容易“照单全收”；
- 缺乏批判性阅读的训练，无法区分事实、观点和推测。

## 挑战 3　阅读速度慢，影响学习效率（“慢速阅读者”）

**典型表现**

孩子阅读速度过慢，尤其是面对长篇文章或考试阅读题时，常常读不完，导致失分。

**可能的原因**

- 没有掌握“跳读”“略读”“精读”三种阅读策略，所有内容一视同仁；

- 遇到生词或复杂句子时卡住，不懂得如何通过上下文猜测意思；
- 眼动习惯不好，阅读时回读过多，影响整体速度。

## 挑战 4　缺乏跨学科阅读能力（“单一领域阅读者”）

### 典型表现

孩子只愿意读自己感兴趣的内容，比如只爱看科幻小说，不愿意阅读历史、人文、经济等内容，知识面狭窄。

### 可能的原因

- 只局限在某一类书籍或内容，不愿意挑战新的阅读领域；
- 对不同学科的阅读方法不熟悉，比如在看科普文章时，无法理解其中的数学模型和数据分析；
- 不擅长跨学科思考，难以将不同学科的知识融会贯通。

## 挑战 5　缺乏阅读兴趣，难以坚持（“阅读逃避者”）

### 典型表现

孩子不喜欢阅读，觉得书本枯燥无聊，每次看书不到十分钟就放下。

### 可能的原因

- 在过去的阅读经历中缺乏成就感，认为阅读是一种“任务”

而非享受；

- 没有找到符合自己水平和兴趣的书籍，导致阅读体验不佳；
- 缺乏正向激励机制，比如没有读书打卡、没有讨论分享的机会。

## 2 向 DeepSeek 提出高质量的阅读问题

DeepSeek 高效学习法的第二步，是提出问题。AI 不是搜索引擎，而是策略引擎。它针对上述孩子们的五大阅读挑战，可以有针对性地做出引导并给出策略建议。我针对它的每一种职能，分别起了一个它扮演角色的名称——“阅读侦探”“思考深潜员”“飞速阅读侠”“知识织网师”“故事解码师”。

但 DeepSeek 再智能，如果孩子不会正确提问，也无法真正发挥它的作用。我在少年商学院家长群收集并梳理了中小学生在阅读中常见的低效提问，并提供高质量的提问方式，让孩子学会如何高效与 AI 互动，真正提升阅读能力。

### 让 DeepSeek 成为你的“阅读侦探”

对应挑战 1：浅阅读，抓不住重点

#### 孩子常见的低效提问

- “这篇文章讲了什么？”
- “这段话是什么意思？”

- “文章的主旨是什么？”

这些问题太笼统，AI 只能简单地给出一个概括性的答案，无法帮助孩子深入思考。真正的问题是，孩子没有抓住文章的逻辑线索，找不到核心信息。

### 如何提出更好的问题

①“这篇文章的核心观点是什么？能帮我列出三条主要论点吗？”

②“如何快速找出文章的关键句？有没有高效的方法？”

③“如何用‘5W1H’（Who，What，When，Where，Why，How）总结一篇文章？”

④“这段文字里有没有暗示性的关键信息？能帮我找出来吗？”

⑤“这篇文章用了哪些论证方法？是举例、数据支持，还是对比分析？”

⑥“如何从这篇文章中提取有用的信息，而不被无关细节干扰？”

⑦“如何用思维导图整理这篇文章的逻辑结构？”

⑧“AI 能帮我把这篇文章的主要信息压缩成 50 字的摘要吗？”

⑨“这篇文章的标题是否精准？如果换个标题，表达效果会不会更好？”

⑩“阅读时，我总是被长句子卡住，有没有拆解复杂句子的技巧？”

### 提问技巧总结

- 让 AI 帮助提炼关键信息，而不是直接让它总结全文。
- 善用逻辑工具（如 5W1H、思维导图）让 AI 指导阅读方法，而不仅是给出答案。
- 关注“信息提取”能力，训练孩子快速筛选重要内容。

## 让 DeepSeek 成为你的“思考深潜员”

对应挑战 2：只看表面，不深入思考

### 孩子常见的低效提问

- “这篇文章是想表达什么？”
- “为什么这段话很重要？”
- “作者为什么这么写？”

这些问题虽然涉及理解，但依然停留在浅层，缺乏思辨能力。真正的挑战是，孩子没有思考文章的隐藏逻辑，无法进行批判性阅读。

### 如何提出更好的问题

①“这篇文章的核心观点和我的想法一致吗？如果不同，差别在哪里？”

②“这篇文章有没有‘偏见’？作者的立场是什么？”

③“如果让另一个人来写这篇文章，他可能会如何反驳作者的观点？”

④“作者的观点有没有漏洞？哪些地方可以再深入探讨？”

⑤“如果这篇文章是十年前写的，现在它的观点是否仍然适用？”

⑥“这篇文章的‘潜台词’是什么？有没有隐藏的信息？”

⑦“这篇文章用了哪些修辞手法？它们如何增强说服力？”

⑧“如果我要对这篇文章写一篇反驳文章，我该如何组织论点？”

⑨“DeepSeek 你能不能模拟作者的风格，写一段补充内容？”

⑩“你能否提供其他观点，让我看到问题的不同角度？”

**提问技巧总结**

- 训练孩子站在不同角度思考，而不是单纯接受文章内容；
- 让 AI 提供“反方观点”，帮助孩子学会批判性阅读；
- 鼓励孩子寻找文章的漏洞，培养更深入的思维能力。

## 让 DeepSeek 成为你的“飞速阅读侠”

对应挑战 3：阅读速度慢，影响学习效率

**孩子常见的低效提问**

- “怎么才能读得更快？”
- “我总是读得慢怎么办？”
- “有没有快速记住文章的方法？”

这些问题太宽泛，没有针对性。真正的问题可能是，孩子不会运用不同的阅读策略，不知道什么时候该跳读，什么时候该精读。

### 如何提出更好的问题

①“如何判断一篇文章适合‘精读’还是‘略读’？”

②“阅读一本书时，如何快速找到最关键的章节？”

③“有没有提高阅读速度但又不降低理解力的方法？”

④“你能否帮我压缩一篇长文章，让我快速掌握核心内容？”

⑤“如何用‘首句阅读法’快速获取段落重点？”

⑥“你能不能帮我生成十句话的‘关键句摘要’？”

⑦“如何训练自己的眼动能力，让视野范围更广，阅读速度提高？”

⑧“如何在三分钟内浏览完一篇新闻，并能准确复述？”

⑨“如何用 AI 帮助自己进行‘快速阅读＋详细理解’的结合训练？”

⑩“DeepSeek 你能不能帮助我制订一个‘渐进式阅读训练计划’？”

### 提问技巧总结

- 让 AI 结合略读、跳读、精读等方法，指导孩子选择适合的阅读策略；
- 训练孩子快速抓取关键信息，而不是无效重复阅读；
- 让 AI 孩子帮助进行阅读训练，比如提供速读练习和关键句提取。

## 让 DeepSeek 成为你的“知识织网师”

对应挑战 4：缺乏跨学科阅读能力

### 孩子常见的低效提问

- “这篇文章和数学有什么关系？”
- “为什么历史和经济学有关？”
- “跨学科学习真的有用吗？”

这些问题太直接，孩子没有意识到如何主动建立学科间的联系。真正的问题是，阅读时没有进行知识关联，导致信息碎片化。

### 如何提出更好的问题

①“这篇文章涉及哪些学科的知识？它们是如何关联的？”

②“如何用数学方法分析一篇历史文章的数据？”

③“这篇科普文章中的概念，在日常生活中有哪些应用？”

④“如何用经济学原理解释《三国演义》中的战争策略？”

⑤“DeekSeek 你能否帮我建立这篇文章与我已学知识的联系？”

⑥“这篇文章和我之前读过的哪篇内容有关？”

⑦“这本书的核心观点，与最近的科学发现是否一致？”

⑧“如何用 AI 生成一张‘跨学科思维导图’，串联相关知识？”

⑨“如何用 AI 训练自己的跨学科思维？”

⑩“这篇文章能否提供新的视角，让我重新理解某个学科概念？”

### 提问技巧总结

- 让 AI 帮助建立学科联系，而不是单一理解文章内容。

- 训练孩子主动寻找跨学科知识点，提高整合能力。
- 让 AI 生成“跨学科关联图”，可视化知识网络。

## 让 DeepSeek 成为你的“故事解码师”

对应挑战 5：读完就忘，无法积累知识

### 孩子常见的低效提问

- “我读了很多书，但好像什么都记不住？”
- “为什么我背了很多知识点，还是不会用？”
- “读书笔记到底该怎么做？”

孩子在阅读后无法有效吸收和积累知识，主要问题可能是：

- 没有正确的方法整理和回顾知识，导致输入和输出脱节；
- 读完之后没有进行深度思考，只是被动接受信息；
- 缺乏运用所学的机会，没有建立长久的记忆路径。

### 如何提出更好的问题

①“如何用 AI 生成读书笔记，帮助我整理核心内容？”

②“这篇文章的核心概念，如何用三句话总结？”

③“如何用‘费曼学习法’向 AI 解释这篇文章的主要观点？”

④“如何用思维导图整理一本书的主要内容？”

⑤“DeepSeek 你能否用问答的方式，测试我对文章内容的理解？”

⑥“这篇文章与我之前读过的某本书有什么关联？”

⑦“如何用‘间隔复习法’，确保自己不会遗忘这篇文章的内容？”

⑧“你能否把这篇文章的核心概念转化成一个故事，让我更容易记住？”

⑨“如何通过实际应用，让这篇文章的知识真正转化为我的能力？”

⑩“这篇文章的内容如何影响我的思维方式？”

### 提问技巧总结

- 让 AI 帮助孩子整理、归纳、可视化文章内容，提高知识存储能力。
- 训练孩子用“主动输出”的方式，比如复述、问答、类比等，提高记忆效果。
- 让 AI 提供跨文本关联，帮助孩子建立更广泛的知识网络。

表 3-3 总结了五大阅读挑战与 AI 角色对应。

表 3-3　五大阅读挑战与 AI 角色对应

| 阅读挑战 | AI 角色 | 主要作用 |
|---|---|---|
| 浅阅读，抓不住重点 | 阅读侦探 | 提炼关键信息，训练逻辑阅读 |
| 只看表面，不深入思考 | 思考深潜员 | 提高批判性阅读能力，发现隐藏逻辑 |
| 阅读速度慢，影响学习效率 | 飞速阅读侠 | 提供速读技巧，提高信息处理能力 |
| 缺乏跨学科阅读能力 | 知识织网师 | 建立跨学科关联，提高综合理解力 |
| 读完就忘，无法积累知识 | 故事解码师 | 帮助孩子整理、归纳、运用所学知识 |

## 3 针对五大阅读挑战的 AI 训练策略

DeepSeek 高效学习法的第三步，是选择方法，即在 AI 提供的诸多学习策略中，找到最适合自己的练习方式。针对前面提到的五大阅读挑战，AI 可能会给出大量建议和技巧，我在这里提炼出了最核心、最值得中小学生尝试的五种方法，以帮助孩子通过 AI 进行高效、系统的阅读训练。

### 方法 1　AI 逻辑阅读训练

（对应挑战 1：浅阅读，抓不住重点）

**适用对象：** 读文章时抓不到核心信息、理解模糊的孩子

**训练目标：** 培养孩子的逻辑阅读能力，提高信息筛选能力

#### 如何操作

**核心信息提炼训练**

- “DeepSeek，我读完这篇文章了，能否帮我提炼三至五个最重要的观点？”
- AI 会自动整理文章的核心信息，让孩子清楚文章主旨。

**关键词关联训练**

- “这篇文章最重要的十个关键词是什么？它们之间的逻辑关系是什么？”
- 让 AI 通过关键词网络，帮助孩子理解文章逻辑，建立知识联系。

### 为什么这个训练方法有效

- 让孩子学会主动归纳文章主旨，而不是被动接受信息。
- 训练孩子的信息筛选能力，提高阅读效率。

## 方法 2 AI 批判性阅读训练

（对应挑战 2：只看表面，不深入思考）

适用对象：轻信文章内容，不深入分析文章逻辑的孩子

训练目标：培养批判性思维，提升深度阅读能力

### 如何操作

#### 反向思维训练

- “DeepSeek，这篇文章的主要观点是什么？有没有可能是错的？”
- AI 可能提供反例或不同角度的观点，让孩子学会从多维度思考问题。

#### 立场对比训练

- “如果让我反驳这篇文章的核心观点，我可以用哪些论据？”
- AI 帮助孩子建立“正反论证”的能力，学会批判性阅读。

### 为什么这个训练方法有效

- 让孩子不再被动接受信息，而是主动分析内容的逻辑。
- 训练孩子在阅读时建立自己的思考体系，而不仅仅是背诵结论。

## ✓ 方法 3　AI 速读训练

（对应挑战 3：阅读速度慢，影响学习效率）

适用对象：阅读速度慢、考试时间不够用的孩子

训练目标：提升阅读速度，提高信息处理效率

### 如何操作

段落速读总结训练

- “DeepSeek，能否帮我快速总结这篇 1000 字的文章，只用 100 字？”
- AI 通过速读技术，帮孩子训练快速提取文章核心信息的能力。

关键句筛选训练

- “这篇文章中最重要的五句话是什么？”
- AI 直接抓取文章中的关键信息，让孩子学会高效阅读。

### 为什么这个训练方法有效

- 让孩子在短时间内掌握文章精髓，提高阅读效率。
- 让孩子学会寻找文章关键句，提高速读能力。

## ✓ 方法 4　AI 知识网训练

（对应挑战 4：缺乏跨学科阅读能力）

适用对象：无法把不同学科知识联系起来的孩子

训练目标：建立跨学科思维，提高综合阅读能力

### 如何操作

#### 跨学科关联训练

- “DeepSeek，这篇文章的内容和其他学科的知识有什么联系？”
- AI 可能提供数学、历史、科学等不同角度的分析，让孩子建立起学科间的关联。

#### 知识网构建训练

- “AI 能否用思维导图的方式，把这篇文章的知识点和其他学科内容串联起来？”
- AI 可能生成“文章主题→相关学科→具体概念”的可视化知识网，帮助孩子形成系统性思维。

### 为什么这个训练方法有效

- 让孩子学会从多个角度理解问题，提升综合思维能力。
- 让孩子的知识不再是孤立的，而是形成体系化认知。

## 方法 5　AI 记忆增强训练

（对应挑战 5：读完就忘，无法积累知识）

适用对象：读完文章后很快遗忘，无法有效积累知识的孩子

训练目标：帮助孩子整理、归纳、长效记忆文章内容

### 如何操作

#### 费曼学习法训练

（本书后面的章节还会专门拆解费曼学习法如何与 DeepSeek 相结合）

- “DeepSeek，我刚读完这篇文章，能否用简单的语言让我向七岁的孩子解释它？”
- AI 通过“简单化表述”，让孩子用自己的语言组织知识，加深理解。

测试强化记忆训练

- “DeepSeek，你能不能用五道选择题测试我对这篇文章的理解？”
- AI 可能生成与文章内容相关的问答题，帮助孩子检验自己对文章知识的掌握程度。

### 为什么这个训练方法有效

- 让孩子通过“输出倒逼输入”的方式，加强知识记忆。
- 让孩子在阅读后进行主动思考，而不是被动接受信息。

美国学者基思·斯坦诺维奇（Keith Stanovich）曾提出“马太效应”在阅读中的应用，也被称作“阅读百万富翁”理论：如果孩子每天阅读二十分钟，那么每年可以多读一百万字。后来，美国不少学校成立了关于阅读的“百万阅读俱乐部”。我在 2017 年把这一概念与组织形式引入国内，在少年商学院成立百万阅读俱乐部。一些同学一年甚至读了五百多万字。

过去，你可能觉得不知道孩子应该读什么书，以及什么样的阅读方法适合他。现在，AI 让每个孩子都有机会成为这样的“阅读百万富翁”。而且 DeepSeek 可以帮助孩子从浅阅读走向深阅读，从碎片理解走向系统思考，从被动接受走向主动探索。

因此，不要再纠结“孩子该读什么书”（DeepSeek 推荐的个性化书单当然也可以，但我并没有在本书中展示，我觉得每个人的需求都是不一样的，同时我也不建议大家在资源获取上过度依赖 AI，我甚至鼓励同学们有空多到线下的实体书店去看看），而是鼓励他们大胆去读，并且用好 AI，让阅读成为一次次充满乐趣的思维冒险。每天一点点的积累，都会成为孩子未来成长的黄金资本。

## 3.4　DeepSeek 如何成为你的英语学习顾问

英语不仅是一门学科，也是跨文化沟通的桥梁，更是打开全球化大门的钥匙。无论是升学、求职还是出国深造，英语能力都非常重要，它让我们拥有更大的视野，听到多元化的声音。那些认为英语不重要的人，我真的不太敢苟同他们的观点与逻辑。

但现实却是——很多中国孩子英语学了很多年，还是学不好。

有些孩子单词背了无数，但一到阅读理解就迷糊；有些孩子英语考试成绩不错，但真正开口说英语时却磕磕巴巴；有些孩子可以在英文作文里写出复杂的句子，但听到外国人讲英语，却连基本意思都听不明白。

为什么会这样？英语学习的难点到底在哪里？真正的挑战，并不是学不会，而是没用对方法。自从我们家搬迁到新加坡后，我对这一点的感受更加强烈。

现在 AI 时代来了，我们可以借助包括 DeepSeek 在内的诸多 AI 工具，让 AI 成为孩子的“英语学习顾问”，帮助他们识别英语学习的痛点，提出精准的问题，并找到最适合自己的学习策略。

## 1 孩子学习英语的五大挑战

DeepSeek 高效学习法的第一步，是识别挑战。很多孩子在英语学习上的遭遇的挑战，大致可以归为五大类，每类挑战背后都有其出现的根本原因。让我们来看看，你的孩子属于哪一类？

### 挑战 1 词汇积累难——“单词黑洞”

**典型表现**

单词背了又忘，记不住，考试时看不懂文章。

**可能的原因**

- 死记硬背单词，而不是在上下文中理解单词的意义；
- 只知道单词的“意思”，但不会使用；
- 词汇量低，导致阅读时理解困难，形成恶性循环。

### 挑战 2 听力抓不住——“听力盲区”

**典型表现**

听英语时“熟悉又陌生”，似乎每个单词都认识，但连成句子却抓不住意思。

**可能的原因**

- 语音、连读、弱读等听力技巧不熟悉，导致听不懂句子；
- 只在课堂上听听力材料，没有真实的语言环境；
- 习惯“翻译式”听力，而不是直接用英式思维思考。

## 挑战 3 口语说不出——“开口恐惧症”

**典型表现**

想说英语时卡壳，单词会拼、会写，但就是不敢说。

**可能的原因**

- 练习太少，害怕说错，缺乏真实对话环境；
- 过于关注语法，担心说错而不敢开口；
- 习惯了应试英语，缺乏实战训练。

## 挑战 4 阅读理解难——“文章迷宫”

**典型表现**

遇到长难句就蒙，读了一大段，却不知道作者在说什么。

**可能的原因**

- 缺乏语法结构分析能力，导致读句子时“词汇量够了，但看不懂”；
- 不了解文章的逻辑结构，不知道如何快速抓住关键信息；
- 阅读量少，遇到生词就卡住，影响整体理解。

### 挑战 5　写作无思路——“写作瓶颈”

**典型表现**

在写作时找不到合适的表达方式，句子简单，逻辑混乱。

**可能的原因**

- 词汇和句型积累不足，表达方式过于单一；
- 缺乏写作训练，不会组织结构和论点；
- 过度依赖翻译思维，写出来的英语不够地道。

## 2 向 DeepSeek 提出高质量的英语学习问题

DeepSeek 高效学习法的第二步，是提出问题。在英语学习中，提问的质量决定了学习的效果。尽管 DeepSeek 是中国人做的大模型，但它的英文长文本的推理能力经学术及业界测评后，被认定是国际领先的，因此你可以放心使用它。

在你认清真正的挑战，又提出更高质量的问题后，就能真正发挥 AI 的作用。以下是针对五大英语学习挑战的常见低效提问，以及相对应的更有效的高质量提问。

### 让 DeepSeek 成为你的“单词猎人”

对应挑战 1：词汇积累难

**孩子常见的低效提问**

- “这个单词什么意思？”

- “给我一张单词表。”
- “怎么快速记住这个单词？”

**如何提出更高质量的问题**

①“这个单词的词根、词缀是什么？我能用它来推测其他单词吗？”

②“这个单词有哪些同义词和反义词？它们的用法有什么不同？”

③“能帮我用这个单词造三个不同的句子，让我理解它的用法？”

④“如何用情境记忆法来记住这个单词？能给我一个有趣的故事吗？”

⑤“DeepSeek 能否用这个单词帮我生成一个填空练习？”

**提问技巧总结**

- 让 AI 帮助你建立词汇网络，而不是死记硬背单词表；
- 通过造句、情景模拟、填空训练，让单词真正“变活”；
- 让 AI 解释词根、词缀，帮助你推测更多词汇。

## 让 DeepSeek 成为你的“声音侦探”①

对应挑战 2：听力提升慢

**孩子常见的低效提问**

- “为什么听不懂？”

---

① 由于本书出版时，DeepSeek 在音视频识别、AI 语音对话等方面的功能暂时还没推出，我建议在英语听力与口语能力提升方面，可以将 DeepSeek 与其他 AI 工具搭配使用，本书最后一章也会专门讲述具体操作方法。

- “听力如何提高？”
- “我听了两遍，但还是抓不住要点，该怎么办？”

### 如何提出更高质量的问题

①“这段听力材料有哪些常见的连读和弱读？能帮我拆解一下吗？”

②“如何通过语调和重音判断句子的情感和含义？”

③“你能否用这段音频生成填空练习，帮我训练听力？”

④“我能不能跟着 AI 进行‘影子跟读’练习，让发音更自然？”（DeepSeek 需要结 AI 语音工具）

### 提问技巧总结

- 让 AI 解析语音细节（连读、弱读、语调变化）；
- 使用填空训练，提高听力精准度；
- 结合影子跟读（需要 AI 语音工具），模仿母语者的语音节奏。

## 让 DeepSeek 成为你的“会话冒险家”

对应挑战 3：口语表达难

### 孩子常见的低效提问

- “这个句子对不对？”
- “我说英语总是卡壳，该怎么改善？”
- “怎么提升口语？”

### 如何提出更高质量的问题

①“这句话如果用更自然的口语表达，会是什么样子？”

②“如何用不同的语气表达同一个句子？比如正式与休闲？”

③“DeepSeek 能帮我模拟一个对话场景，让我练习不同角色的对话吗？”

④“有哪些地道的短语可以用来替换我的表达，让它更自然？”

⑤“如果我要用这个表达参加英语口语考试，如何让它更正式？”

### 提问技巧总结

- 让 AI 提供正式与口语化表达，帮助孩子找到适合的语言风格；
- 练习角色扮演对话，提升真实交流能力；
- 让 AI 优化表达方式，让口语更自然流畅。

## 让 DeepSeek 成为你的“文本解码师”

对应挑战 4：阅读理解难

### 孩子常见的低效提问

- “这篇文章在讲什么？”
- “我看得懂单词，为什么理解不了意思？”
- “能不能翻译一下？”

### 如何提出更高质量的问题

①“这篇文章的主旨是什么？如果用一句话总结，它是什么？”

②“这段话的逻辑关系是什么？是因果、对比，还是举例？”

③“如果这篇文章的难度降低一个等级，它会怎么写？”

④“这篇文章中的长难句如何拆解成简单句？”

⑤“DeepSeek 能否模拟出作者的思维过程，让我理解他的写作逻辑？”

**提问技巧总结**

- 让 AI 总结文章核心信息，帮助提炼主旨；
- 让 AI 分析逻辑结构，提升阅读理解能力；
- 让 AI 改写文本，帮助孩子适应不同阅读难度。

## 让 DeepSeek 成为你的“写作架构师”

对应挑战 5：写作逻辑混乱

**孩子常见的低效提问**

- “这篇作文写得对不对？”
- “能不能帮我写一篇文章？”
- “我写的英语作文太简单了，怎么办？”

**如何提出更高质量的问题**

①“我的文章逻辑有没有问题？可以帮我调整结构吗？”

②“如果要让这篇文章更有说服力，应该增加哪些论据？”

③“我的英语表达太简单了，如何用更高级的词汇和句型？”

④“DeepSeek 能否帮我用不同风格改写这段文字？”

⑤“这篇文章的结尾能不能更有力量？如何优化？”

**提问技巧总结**

- 让 AI 调整文章结构，提升逻辑清晰度；
- 让 AI 提供多种表达方式，丰富语言风格；
- 让 AI 优化结尾，增强文章的感染力。

表 3-4 总结了五大英语学习挑战与 AI 角色职能对照。

表 3-4　五大英语学习挑战与 AI 角色职能对照表

| 英语学习挑战 | AI 角色 | 职能描述 |
| --- | --- | --- |
| 词汇积累难 | 单词猎人 | 通过语境学习、故事联想等方式，帮助孩子轻松掌握单词 |
| 听力提升慢 | 声音侦探 | 解析语音细节，提供沉浸式听力训练，提高听辨能力 |
| 口语表达难 | 会话冒险家 | 通过 AI 角色扮演、日常场景对话，让孩子大胆开口 |
| 阅读理解难 | 文本解码师 | 拆解复杂文章的逻辑结构，帮助孩子理解长难句、提炼主旨 |
| 写作逻辑混乱 | 写作架构师 | 指导孩子优化文章结构、丰富词汇表达、调整论证逻辑 |

## 3 针对五大英语学习挑战的 AI 训练策略

DeepSeek 高效学习法的第三步，是选择方法。在前面，我们已经认清了孩子在英语学习上的五大挑战，并且学会了如何向 AI 提问。那么，在实际学习中，DeepSeek 等 AI 工具可以提供哪些特别有效的方法，真正帮助孩子提升英语能力呢？

针对五大挑战，我精选五种 AI 驱动的英语训练方法，既高效又有趣，让孩子的英语学习焕然一新。这其中有四种，我已经在家里引导三个孩子使用了。

## ✓ 方法 1　AI 语境化记忆训练

（对应挑战 1：词汇积累难）

适用对象：总是背单词但容易忘的孩子

训练目标：让单词在语境中记住，避免机械记忆

### 如何操作

#### 用故事记单词

- DeepSeek 生成一个孩子感兴趣的故事，并在情节中自然融入新单词。
- 例如：学习“explore, adventure, challenge, mysterious”这些单词，AI 可生成一个“神秘岛探险”的短篇故事，孩子通过阅读故事，在语境中记住单词。

#### 单词变换造句游戏

- “DeepSeek，我知道‘curious’的意思，你能帮我造五个不同场景的句子吗？”

AI 可能生成：

- 学校场景：“The curious student asked the teacher many questions.”
- 旅行场景：“She was curious about the new city and wanted to

explore."

- 实验场景："His curious mind led him to conduct many science experiments."

**为什么这个方法有效**

- 让单词在故事和情境中生动呈现，告别死记硬背。
- 让孩子主动运用词汇，形成更牢固的记忆连接。

## 方法 2　AI 精准听力诊断与语音剖析

（对应挑战 2：听力提升慢）

**适用对象**：听力总是听不懂、抓不住关键信息的孩子

**训练目标**：拆解语音难点，精准提升听力能力

**如何操作**

语音诊断训练

- "我听不懂这个英语新闻片段，你能帮我分析吗？"（DeepSeek 需要与别的 AI 工具结合使用）

AI 可能拆解出：

- 连读现象：how about it → /haʊəˈbaʊtɪt/
- 省略现象：going to → gonna
- 弱读现象：some of them → /səməvðəm/

听写与听力填空挑战

- "我想训练听写，能播放一段音频，并让我填补缺失的单词吗？"（DeepSeek 需要与别的 AI 工具结合使用。）

AI 会提供一段音频，同时生成填空练习，例如，

“The ________ (adjective) boy was ________ (verb) to see the new ________ (noun).”

### 为什么这个方法有效

- AI 精准分析孩子听不懂的原因，针对性提升听力。
- 通过填空、听写等多样训练，增强语音识别能力。

## 方法 3　AI 场景化对话与语音反馈

（对应挑战 3：口语表达难）

**适用对象：** 害怕开口、不敢表达的孩子

**训练目标：** 让孩子大胆开口，练习真实对话

### 如何操作？

角色扮演与场景对话（DeepSeek 需要与别的 AI 工具结合使用）

- “我们来模拟一场‘机场过海关’的对话，我扮演旅客，你扮演海关工作人员。”（DeepSeek 需要与别的 AI 工具结合使用）

AI 可能回应：

- 海关工作人员：“May I see your passport, please?”
- 孩子：“Here you go.”
- 海关工作人员：“What’s the purpose of your visit?”

AI 语音反馈（DeepSeek 需要与别的 AI 工具结合使用）

- “我朗读一段英语，你能帮我分析发音问题吗？”

AI 可能指出：

- "Your pronunciation of 'schedule' sounds like American English, but in British English, it's pronounced as /ˈʃedjuːl/."

## 为什么这个方法有效

- 让孩子在真实语境中练习口语，而不是单独背句子。
- AI 纠正发音，帮助孩子更自然地说英语。

## ✓ 方法 4　AI 互动精读与长难句拆解

（对应挑战 4：阅读理解难）

**适用对象：** 做阅读理解题总是抓不到重点、长难句读不懂的孩子

**训练目标：** 提升逻辑分析能力，提高阅读速度和理解力

### 如何操作

长难句逐步拆解

- "DeepSeek，这句话太长了，我读不懂，能帮我分解吗？"

AI 可能分解：

- 原句："Despite the fact that the weather was terrible, they decided to continue their journey, hoping to reach the village before nightfall."
- 拆解步骤：

  ①主要句子："They decided to continue their journey."

  ②原因："Despite the fact that the weather was terrible."

③目的："Hoping to reach the village before nightfall."

文章互动精读训练

- "DeepSeek，我在读 *Harry Potter*，你能帮我标注关键句，并解释难点吗？"

AI 可能在文本上标注"'He raised his wand'（象征 Harry 的勇敢）"并提供词汇解析。

#### 为什么这个方法有效

- 让 AI 充当阅读教练，帮助孩子分析长难句结构。
- 通过互动精读，提高孩子的英语阅读能力。

### 方法 5　AI 思维导图与逻辑优化

（对应挑战 5：写作逻辑混乱）

适用对象：英语写作句式单调、逻辑混乱的孩子

训练目标：优化文章结构，提高写作条理性

#### 如何操作

写作思维导图训练

- "我要写一篇关于'全球变暖'的英文议论文，你能帮我制作一个思维导图吗？"

AI 句式优化

- "DeepSeek，我这篇作文的句子太单调了，能帮我优化句式吗？"

AI 可能提供更丰富的句型，并给出解释，例如，

- 原句：“Pollution is a big problem.”
- 优化：“Pollution, which has been increasing over the years, poses a significant threat to our environment.”

### 为什么这个方法有效

- AI 帮助孩子搭建文章框架，提升逻辑清晰度。
- AI 优化句式，避免孩子写作太单调，提高表达能力。

表 3-5 总结了英语学习五大 AI 训练方法。

表 3-5　英语学习五大 AI 训练方法总结

| 挑战类型 | AI 训练方法 | 适用场景 |
| --- | --- | --- |
| 词汇积累难 | AI 语境化记忆训练 | 词汇拓展、记忆 |
| 听力提升慢 | AI 精准听力诊断与语音剖析 | 听力练习、语音分析 |
| 口语表达难 | AI 场景化对话与语音反馈 | 口语对话、发音优化 |
| 阅读理解难 | AI 互动精读与长难句拆解 | 阅读理解、长难句分析 |
| 写作逻辑混乱 | AI 思维导图与逻辑优化 | 英语作文、句式优化 |

或许你曾经觉得英语学习是一件枯燥、艰难，甚至令人沮丧的事，但 AI 时代的到来，给了我们新的可能。DeepSeek 等 AI 工具不会替你学习，但它能帮助你拆解难点、优化方法、拓展思维，让英语学习变得更加高效、有趣，甚至带着一点探索的成就感。用对方法，省时、省力又省钱！

我也羞涩地和读者们汇报一下，我正在努力提升英语水平。我前不久刚和我大儿子一起进了托福考场。他要考高中，而我想申请教育博士。我开玩笑说，就冲有了 AI 这种 24 小时在线的个性化英语教练，我不在英语能力上提升一下，简直对不起这个时代。愿每个孩子也都能在 AI 的陪伴下，找到属于自己的英语学习节奏，走向更广阔的世界。

# 第四章

# DeepSeek 如何与三大经典学习工具结合

所谓高效学习，大多源于学习者找到了适合自己的学习方法，并刻意练习，养成了良好学习习惯。在 AI 时代，每个孩子都有机会成为高效学习者，只要掌握科学的学习策略，并善用 AI 工具提升效率。

我总是说，无论孩子学习，还是大人工作，都不要“用蛮力”——很多孩子不是学不会，而是学得低效：做了很多题，却总是犯同样的错；上课听懂了，考完却记不住；知识点学了一遍，却不知道如何应用。这并非智商问题，而是缺乏系统的方法和精准的复盘机制。

上一章我详细地讲述了 DeepSeek 高效学习法如何助力孩子的学科学习。这一章我给旺火加一把柴——讲解 DeepSeek 如何让学习变得更加智能。本章我将介绍四大经典学习工具，并结合 AI，让孩子更高效、更深入地学习。

- 错题本 ×DeepSeek：精准定位弱项，查漏补缺，让错误不再重复出现。
- 费曼学习法 ×DeepSeek：以教促学，真正掌握知识，而不是死记硬背。
- 康奈尔笔记 ×DeepSeek：梳理重点，优化笔记结构，让复习更有条理。

如果孩子能掌握这些方法，并借助 AI 进行优化和刻意练习，他们不仅能学得更快、更牢，还能真正成为 AI 时代的新式学霸。

## 4.1 错题本 ×DeepSeek——如何精准提升你的弱项

少年商学院之前有一档视频节目，叫《学霸有话说》，邀请优秀青少年们来做分享。我们列了一份问题清单或者说“采访提纲”，其中一个问题是：使你在学习过程中受益最大但用力最小的一个“微习惯”或学习工具是什么？ 18 名学生中有 12 名的回答都是错题本。

他们说的错题本，不是简单的让人抄写错题的本子，而可以说是一本高度精练的“学习漏洞修复手册”。他们不仅记录自己做错的题目，还会分析错误原因，并归纳出如何避免同样的错误。

太多孩子都有错题本，但是错题本中很大一部分并没有真正发挥作用，甚至抄错题本成了一项“低效的学习任务”。为什么？这是因为他们没有正确使用错题本。

## 1 错题本的正确打开方式

很多孩子以为写错题本就是把错题抄下来，但真正高效的错题本，应该是一个“错误分析 + 思维升级”的工具。图 4-1 是我在我三儿子就读的新加坡国际学校中看到的错题本的样子（我把上面的英文翻译成了中文）。

图 4-1　错题本示意

### ☑ 错题本的 4 个核心部分

（1）我的错题：记录做错的题目，但不是所有错题都记，而是有代表性的错题。

（2）正确解法：重新推导正确思路，并在旁边标注容易犯错的地方。

（3）错误原因：归纳错因，是审题问题，公式理解不到位，还是计算出错？

（4）改进措施：如何防止下次再错？让 AI 生成同类型变式题，还是自己总结做题技巧？

## 2 常见的错题本误区

很多孩子坚持使用错题本，但成绩却没有明显提升。这往往是因为他们掉进了三个最常见的误区。

### 误区 1　只抄题，不思考

**案例 1：小学三年级，数学——分数计算**

在学习分数计算时，一名同学总是把分母直接相加，比如 1/2+1/3 = 2/5，完全忽略了“通分”这一步。尽管他在错题本里抄了十几道类似的错题和正确的答案，但如果不思考、不理解，下次大概率还是会错。

**问题本质：**他记错题本只是机械地抄写，并没有真正理解“通分”为什么重要。

### 误区 2　错题越多越好

**案例 2：初中二年级，物理——力学题**

一名物理成绩还不错的同学，基本上每次都能理解自己为什么错了，但是错题本已经记满了三大本，每次考试前他都试图翻一翻，提示自己。结果，他反而越看越焦虑，因为上面的内容太多了，根本看不过来，关键点也看不透。

**问题本质：**他以为“记得越多，学得越好”，但实际上，错题本的关键不是“收集错题”，而是“筛选关键错题”。

## 误区 3　没有改进计划

**案例 3：高中二年级，英语——定语从句误用**

一名同学平时英语成绩不错，但在写作文和做完形填空时，她经常搞不清定语从句中的关系词，导致句子结构混乱。例如，

× The book which cover is torn belongs to me.（错误）

✓ The book whose cover is torn belongs to me.（正确）

她在错题本里记录了很多类似的错误句子，但她记错题本只是简单地抄写错误和正确答案，没有去分析自己为什么会错，也没有改进计划。考试时，遇到稍微复杂的从句，她仍然容易混淆 which、that、whose、where、when 等关系词的用法。

**问题本质：**她只是机械地记录了错题，但没有进行深入分析和系统改进。她应该将定语从句的不同用法分类整理。

过去一些同学要么想着通过刷题来强化认知，要么就将学习“外包”给补习机构来辅导自己。现在你可以让 DeepSeek 帮你总结规律并生成一组变式练习，比如“用定语从句改写句子”，并制订定

期复习计划，逐步加强对复杂从句结构的掌握。

DeepSeek 高效学习法的第二步，是学会提出高质量问题，而不是简单地求答案。过去，孩子在使用错题本时，往往只能靠自己分析错误，或者依赖老师讲解。但现在，AI 让错题分析变得更加智能、高效。

DeepSeek 不仅可以帮孩子找到错题的根源，还能智能推荐个性化练习，帮助孩子真正弥补弱项，避免反复踩坑。我针对错题本的四个模块，整理了一份“AI+ 错题本”的优化流程，让错题本不再只是一本“错题存档”，而是一个动态进化的学习工具。

## 3 “AI+ 错题本”的四步优化流程

传统的错题本只记录“错在哪里”，但 AI 赋能的错题本可以帮你深入分析“为什么错”“如何改进”“怎样巩固”。你可以这样操作：

### ☑ 第一步：上传错题→让 DeepSeek 找到核心错误类型

- 操作：输入错题或拍照上传（我建议你最好在对话框里输入错题；使用“拍照上传”功能的话，你要先点 DeepSeek 软件底部，关掉“联网搜索”，再点“+”号，就可以拍照识文字、图片识文字或上传文档了），DeepSeek 可自动识别错误类型，并归纳你的常见错误模式。

### ☑ 第二步：让 DeepSeek 解释知识点→弥补理解盲区

- 操作：针对分数加法中总是忘记通分的错题，你在对话框输入指令，让 DeepSeek 帮你拆解概念，举例说明。你可以借助第三章提到的一些做法，让 DeepSeek 给你生成两个生活场景中的应用案例，帮助你真正理解问题。

### ☑ 第三步：生成个性化练习→强化易错点训练

- 操作：让 DeepSeek 自动生成类似的变式题，帮助你在不同情境下巩固知识。比如“请你帮我生成五道与‘力的分解’相关的练习题，并引导我真正理解容易错的地方”。

### ☑ 第四步：定期回顾错题→ DeepSeek 生成个性化复习计划

- 操作：DeepSeek 可以帮你制订错题回顾计划，如每周自动推送易错题总结，确保你不会遗忘（本书后面的章节还会专门分享如何借助 AI 制订学习计划与复习计划）。

## 4 让 AI+ 错题本成为“精准弱项优化器”

很多孩子在复习错题时，会习惯性地提出一些低效的问题，这些问题往往过于笼统，AI 也无法给出精准的帮助。那么，如何才能更高效地提问？以下列举一些常见的低效提问以及高质量提问（见表 4-1）。

表 4-1 常见低效提问及高质量提问列举

| ☒ 低效提问 | ☑ 高质量提问 |
| --- | --- |
| “DeepSeek，这道题的答案是什么？” | “这道题考察的核心知识点是什么？” |
| “这道数学题怎么解？” | “这道题可以用几种不同的方法解？哪种方法最快？” |
| “这道物理题我不会，帮我讲解一下” | “这道题的解题思路是什么？如果条件变了，解法会变吗？” |
| “这个单词怎么拼？” | “这个单词的词根是什么？有哪些近义词和反义词？” |
| “能不能帮我把我的作文改成‘满分作文’？” | “我的作文结构清晰吗？有哪些地方需要调整？” |

### 提问技巧总结

- 不要直接问答案，而是问 AI 解题思路，这样可以加深理解。
- 让 AI 提供变式题训练，而不仅仅是解析当前错题。
- 让 AI 进行跨学科关联，帮助孩子把知识点连接起来。

### 总结：AI+ 错题本，让你的学习效率倍增！

DeepSeek 不只是一个解题工具，更是一个“错题优化教练”。它可以帮你分析错误模式、讲解知识点、生成个性化练习题，并制订复习计划，确保你真正掌握每一个错题背后的知识点，而不是机械地记录和重复错误。

我想，随着技术的进步和产品的迭代，DeepSeek 还可以针对数学、物理、英语、语文（譬如苏东坡一生去过的地方）等学科，为孩子提供可视化讲解。也就是说，通过动画或真人视频，以非常形象、直观甚至像讲故事一样的方式，帮助学生理解。在本书最后一章中，我也会介绍一些已经可以实现这种方式的垂直领域的 AI 工具，DeepSeek 与之搭配使用效果最佳。

## 5 建立“AI 分科错题本”

最后，我强烈建议各位同学给不同学科分别建立一个“AI 错题本”。具体做法如下。

第一步，创建 AI 错题本。你在与 DeepSeek 进行第一次关于数学错题的对话结束后，点击 DeepSeek 软件左上角的图标，可以看到你每次与其对话的主题。长按刚刚这一主题的文字，点击“重命名”，改为“数学 AI 错题本”。

依照同样的逻辑，你可以建立“英语 AI 错题本”“语文 AI 错题本”“物理 AI 错题本”等。不同学科的错题应分类整理、避免混淆，提高查找和复习效率。

第二步，持续更新。每次整理不同科目的错题时，你都可以在 DeepSeek 软件的左边栏，找到对应科目的 AI 错题本，在里面继续对话（即进行下一个错题的记录与分析等）。千万不要每次都“开启一个新对话”。

第三步，高效学习。每次输入错题的时候，你都要按照“我的错题—正确解法—错误原因—改进措施”的顺序，来与 DeepSeek 进行高质量对话。

第四步，温故知新。你可以让 DeepSeek 进行“一周错题复盘”，也可以在期中或期末考试前、你复习每门课的时候，打开每个科目的 AI 错题本。传统的错题本是“死”的，即你不可能将这些错题短时间排列组合并“玩出花样”。但现在 AI 错题本是“活”的，你可以继续和它对话。

你让它给你梳理一下这个学期你所有的“AI 数学错题本”里的内容，然后整理出“十大错题”和原因分析。

你让它帮助你找到错题涉及的知识点之间的联系，形成知识网络，而不是孤立地记住每一道错题。

你让它针对这“十大错题”，给你出一系列的题目，这样才是真正的查漏补缺、考前高效复习。

你把你们学校过往的期中考试数学试卷拍照传给 DeepSeek，然后让它针对你的错题，生成一份“模拟试卷”。你甚至还可以再输入那份登上热搜的深圳南山区小学四年级数学试卷，让它模仿其风格，针对你的错题，出一份很酷的试卷，将场景化和跨学科进行到底！

玩转 AI，可以真正弥补你的弱项，甚至让你的弱势学科变成强势学科。本书是中小学生 AI 学习手册，一定要把各种方法都实践起来。错题本虽小，但与 AI 结合，它会有大大的能量。AI 赋能的错题本不仅仅是电子版笔记，更是一个动态的学习伙伴。

如果你还没有错题本，现在开始准备也不晚。一来，这可不是自己的“失败记录”，错题其实是你学习路上最好的教练。二来，

“AI 错题本”真的蛮好玩的。DeepSeek 让错题不再只是过去的错误，而是未来提升的机会、是帮助你通往优秀的桥梁。

## 4.2　费曼学习法 ×DeepSeek——如何真正掌握所学知识

我父亲是一位老师，教了一辈子物理，因此我在读中学的时候就知道了物理学家费曼这个名字。

“如果你不能用简单的话语讲清楚一个概念，说明你并没有真正理解它。”费曼先生的这句话让我印象非常深刻，使我没有陷入刷题的生活。

理查德·费曼（Richard Feynman）是一位“物理天才”，24 岁参与曼哈顿计划，后因量子电动力学的贡献获得诺贝尔物理学奖。

他还是“跨界奇才”，既能画画、打鼓，又研究过玛雅象形文字，把科学变成了一门艺术；他也是“幽默大师”，讲课像说相声，把晦涩的物理定律变成生动的故事，让学生听得津津有味。更重要的是，他是一位“超级学习高手”，不仅自己学得快，还能用最简单的方式教会别人。

费曼极其擅长把复杂的知识讲清楚。他有一个习惯：每次学习新知识时，他都会想办法用最简单的语言，把它讲给一个“完全不懂”的人听。这就是后来被称为“费曼学习法”（又称“费曼技巧”）

的核心理念：用自己的话，把知识讲出来——教是最好的学。

不过，我一直对少年商学院家长和孩子们强调的是，费曼学习法的本质是解释，而不是输出；输出只是形式。很多人误以为，费曼学习法就是“讲出来”——只要能流畅地复述知识点，就算掌握了。其实，只有把一个概念讲得足够简洁、让别人听懂，而且自己能够推导出来，才算真正学会。

## 1 费曼学习法的五步走流程

费曼学习法的精髓，在于“理解→解释→反馈→改进→内化”。在我和方军老师合著的《重新学会学习》这本书中，我们将费曼学习法的流程简要归纳为以下五个步骤（见图 4-2）。

图 4-2 费曼学习法的流程

- 第一步：学——选择一个具体的概念，确保自己能基本理解。

- 第二步：讲——用自己的话讲解这个概念，模拟教学。
- 第三步：评——让别人（诸如同学、家人、朋友或新伙伴 DeepSeek）反馈你的讲解，找到理解的盲点。
- 第四步：补——重新学习，补充漏洞，改进讲解方式。
- 第五步：简——再次用更简单的方式解释，确保彻底掌握。

## 真实案例：费曼学习法如何拆解《念奴娇·赤壁怀古》

场景：我和大儿子小报，在家里实践费曼学习法。

小报今年 14 岁，刚上八年级。一天，他坐在书桌前，嘴里念叨着："大江东去，浪淘尽，千古风流人物……"对在新加坡国际学校就读的他来说，这样的诗词学起来有点难。但好在他们学校一直比较重视中文课，这让人欣慰。

我问："在读《念奴娇·赤壁怀古》呢？你觉得这首词是什么意思？"

小报想了想，说："嗯……就是写苏轼站在赤壁，想到三国英雄，感叹人生吧。"

"那苏轼为什么会有这种感慨？"我追问，"他说的'风流人物'是谁？他自己是什么心情？"

小报顿了一下，挠挠头："呃……老师好像讲过，但我说不太清楚。"

这一刻，我知道他对这首词的理解还停留在表面。我决定带他用费曼学习法来真正拆解这首词的含义。

☑ **第一步：学**

我让小报重新看课本注释，又查了一些资料。他发现，这首词不仅仅是在描写赤壁风光，更重要的是描写苏轼当时的处境——因“乌台诗案”被贬黄州，处于人生低谷，站在长江边，想起昔日英雄，却只能感叹世事无常。

“哦……”小报恍然大悟，“原来这首词不只是写景，还有他的心情。”

☑ **第二步：讲**

“那你试着把这首词讲给我听，就像你在给一个完全没学过这首词的人讲。”我说。

小报点点头，开始复述：“苏轼站在长江边，看到江水滚滚，想到那些历史上的英雄……然后他感叹，人生短暂，过去的英雄都消失了。”

讲到“人生如梦，一尊还酹江月”时，他又停下来了：“呃……‘一尊还酹江月’是什么意思啊？”

☑ **第三步：评**

“你讲得不错，但有几个地方解释得不够清楚。”我指出，“比如‘人生如梦’，苏轼是在感叹什么？是悲伤，还是什么？”

小报想了想，说：“呃……可能是悲伤吧，但好像并不是太过悲伤？”

“那你再去看看课文的讲解，想想苏轼的心境。”

☑ **第四步：补**

小报回去查了更多资料，发现苏轼当时虽然被贬，但他并没有陷入消沉，而是通过这首词表达了一种豁达的人生态度。

他兴冲冲地回来对我说："我明白了！苏轼是在说，人这一生就像一场梦，过去的英雄终究归于历史，但他没有特别悲观，而是选择了洒脱面对。"

☑ **第五步：简**

最后，我让他再试着讲一遍，但要求用更简单的方式，讲给一个小学生听。

他思考了一下，说："这首词其实就是苏轼站在江边，看着滚滚长江，想到过去的英雄，感叹人生就像一场梦，但他最后还是选择了乐观面对。"

这一次，他讲得非常流畅，虽然很简洁，但我觉得这个过程最为难得。

这，就是真正的费曼学习法。

## 2 80% 的学生学习费曼学习法的五大误区

虽然费曼学习法被称为"世界上最聪明的学习方法"，但我有一次在张华读书会直播间做了随机调研，结果让我大吃一惊：尽管我的社群中有 80% 的家庭都引导孩子运用过费曼学习法，但其中 80% 都是浅尝辄止，没能继续下去。

他们往往掉进了以下五个误区中的一个或多个。

## 误区 1　把费曼学习法当作“输出练习”

很多孩子以为，只要能流畅地复述知识点，就算掌握了。因此不少孩子变成了“记忆高手”，不求甚解，但能完整复述。费曼学习法五步走，他们只走了两步，却自我感觉良好。实际上，费曼学习法的本质是“解释”，而不是“复述”。能用自己平实的话讲清楚“为什么”并举例说明，才算真正理解。

## 误区 2　先学科后兴趣，导致孩子抗拒

太多家长一上来就让孩子用费曼学习法讲数学、物理，而不从孩子感兴趣的内容入手。如果孩子喜欢《哈利·波特》，可以先让他讲解书里的魔法规则；等孩子建立表达自信后，再拓展到学科知识。

实际上，我家正处在青春期的大儿子之所以还愿意跟我聊一会儿《念奴娇·赤壁怀古》，是因为之前，关于拼搭乐高、关于打高尔夫，甚至关于托福应考，我都用同样的方式引导过他。前两者是他感兴趣的事物，他自然乐于分享；后者是因为我跟他一同进考场，但我的考分远低于他，所以没办法——你是我儿子，你得帮扶一下老爸，分享一下什么样的备考策略是高效的。

## 误区 3　家长的角色错位

当你引导孩子“费曼一下”，那么家长的角色就是“学生”，孩

子是“老师”。家长如果把“听孩子讲课”当成“考察”，孩子稍有卡顿就批评，就会让他们害怕表达，进而失去学习兴趣。即使你有话讲，你也先憋一会儿。实在顶不住的话，最多说一两句来引导，千万不能批评斥责——请牢记你的角色，要给“老师”面子的！

### 误区 4　只用口头表达，方式过于单一

有些孩子不擅长语言表达，但可以用写作、列表、画思维导图等方式来解释，家长应鼓励多样化的表达方式。老是有家长朋友给我留言说，孩子倒也不排斥费曼学习法，特别是在自己感兴趣的事物方面，但他“表达能力不行”。我就问这位家长，能不能请你列出来十种表达方式？她便豁然开朗。

### 误区 5　忽略“反馈”和“改进”

只讲一遍并不等于掌握。“评”“补”“简”三步，才是关键，不断优化讲解，才能真正学会。费曼学习法不仅仅是一种技巧，更是一种精进思维的方式。

## 3　费曼学习法 × DeepSeek：用 AI 高效掌握知识

现在诸位是不是觉得，一定得让孩子用起费曼学习法来？实际上，如果问现在哪一种学习方法为全世界比例最高的人才所用，我想一定是费曼学习法。

可现实中，太多家庭有心无力，因为很多孩子在学习时会遇到以下两个难题。

（1）没人听自己讲解——家长没时间、同学不想听、老师课上时间有限，孩子缺少“表达机会”。

（2）没人帮查漏补缺——讲完后，家长和老师不一定能准确指出问题，导致知识漏洞长期存在。

这样的难题，在 AI 出现后，就迎刃而解了。

只要你愿意，你就可以借助 DeepSeek 结合费曼学习法，让“讲解→反馈→改进”成为一个随时可用的学习闭环，大幅提升孩子的自主学习能力。

针对费曼学习法“五步走”的流程，我们让 DeepSeek 在每一步都充当陪练的角色，帮助孩子学习更高效、更精准。每一步的 AI 都不只是一个被动的“回答者”，而是一个有针对性的角色，为孩子提供定制化反馈。

那么，DeepSeek 具体如何与费曼学习法相结合呢？

### ☑ 第一步：学——AI 充当“启发导师”

目标：孩子先自主学习，遇到不理解的地方，DeepSeek 负责引导思考，而不是直接给答案。

示例引导如下。

- “你先试着讲讲这个知识点，看看哪里不太清楚？”
- “如果用画图的方式，你会怎么解释这个概念？”

### ☑ 第二步：讲——AI 充当“耐心听众”

目标：孩子用自己的话向 DeepSeek 讲解知识，AI 作为耐心听众，判断是否逻辑清晰、表达准确。

示例引导如下。

- “你能像给二年级小朋友讲故事一样，把这个概念讲给我听吗？”
- “如果你要用一个比喻来解释它，你会怎么说？”

### ☑ 第三步：评——AI 充当“诊断医生”

目标：DeepSeek 分析孩子的讲解，找出盲点，并提供针对性反馈。

示例引导如下。

- “你讲得不错，但有些地方不够清楚，比如……能再想想吗？”
- “你的表达很流畅，但如果换个方式，能让别人更容易理解吗？”

### ☑ 第四步：补——AI 充当“知识补全师”

目标：根据 DeepSeek 反馈，孩子重新学习，填补漏洞。

示例引导如下。

- “你刚才讲的部分有点模糊，我补充一点，你再试着讲一遍？”

- “你觉得我刚才的补充清楚吗？如果不清楚，可以问我具体的部分。”

### ☑ 第五步：简——AI 充当“表达优化师”

目标：孩子再次优化讲解，用更简洁的方式表达，确保真正掌握。

示例引导如下。

- “请用更简单的方式解释，比如假设你在给一年级的小朋友讲。”
- “你能把它总结成‘一句话公式’或‘三个关键点’吗？”

**重要提醒**

使用 DeepSeek 进行费曼学习法交流时，先发一个简单的提示语。

比如，“嗨，我想学会 ×× 知识点，咱们现在运用费曼学习法，我先讲给你听，你帮我看看哪里不够清楚，帮我改进！”

为什么这很重要？因为 AI 一定知道费曼学习法，这样开头，它立刻就知道自己的角色是什么以及应该怎么做了。

## 4 真实学科应用：用 AI 帮孩子高效掌握知识

### 案例　英语——掌握虚拟语气

#### 传统学习方式

少年商学院的一位学员小月，在学校学到了虚拟语气，比如“If I were you, I would…”。但她只是死记硬背了一些句型，考试时还是容易混淆。

#### 用 DeepSeek 等 AI 工具结合费曼学习法

①小月向 AI 发送提示语：“嗨，我想让你借助费曼学习法和我交流。我想学会‘虚拟语气’，先讲给你听，你帮我看看哪里有问题？”

②她向 AI 讲解：“虚拟语气就是用‘were’或者‘would’来表示假设。”

③ AI 反馈：“你能具体说明一下什么情况下使用‘were’和‘would’吗？”

④小月卡住了，意识到自己并不完全理解。

⑤她向 AI 提问：“请帮我解释虚拟语气的使用场景，并举三个例子。”

⑥ AI 详细讲解后，她再次向 AI 讲解，这次她能完整地说出：“虚拟语气用于表达与事实相反的假设，比如‘If I were you, I would study harder.’。”

⑦ AI 让她用自己的例子造句，她想了想，说：“If I had a time machine, I would go back to the Tang Dynasty.”

⑧ AI 反馈：“很好！你的句子是正确的，这说明你掌握了这个语法点。”

通过这个过程，小月不仅记住了虚拟语气的句型，更理解了它的使用场景。

## 5 让 AI 成为真正的学习教练或陪练

### ☑ 第一步：学（启发导师）

| 低效提问 | 高质量提问 |
| --- | --- |
| “虚拟语气是什么意思？” | “请用一个生活中的例子，解释虚拟语气的用法。” |
| “原子结构是什么？” | “如果你要用比喻来解释原子结构，会怎么说？” |
| “勾股定理怎么证明？” | “如果让我自己推导勾股定理，我可以从哪里开始？” |

### ☑ 第二步：讲（耐心听众）

| 低效提问 | 高质量提问 |
| --- | --- |
| “我刚才讲的牛顿第一定律对吗？” | “请帮我判断，我的讲解是否完整，是否有遗漏？” |

| | |
|---|---|
| “If I were you 是什么意思？” | “虚拟语气用于哪些情况？请帮我检查我的解释是否准确。” |
| “化学中的摩尔质量是什么？” | “如果要给一个小学生讲摩尔质量，我该怎么说？” |

### ☑ 第三步：评（诊断医生）

| 低效提问 | 高质量提问 |
|---|---|
| “我讲完了，DeepSeek 你怎么看？” | “请告诉我，我的讲解有没有逻辑不清晰的地方？” |
| “这个定理对不对？ | “请听我的讲解，并指出错误的地方。” |
| “我的理解正确吗？” | “如果我错了，请帮我指出具体的问题。” |

### ☑ 第四步：补（知识补全师）

| 低效提问 | 高质量提问 |
|---|---|
| “请给我一篇关于二次函数的解释。” | “请告诉我二次函数的核心概念，并测试我是否理解。” |
| “再给我解释一遍。” | “请帮我补充我遗漏的部分。” |
| “这个概念太难了，我学不会。” | “请帮我分步骤拆解这个概念。” |

### ☑ 第五步：简（表达优化师）

| 低效提问 | 高质量提问 |
| --- | --- |
| “帮我总结这个知识点。” | “请帮我优化讲解，让它更简单、更容易理解。” |
| “请再换个方式解释。” | “请把这个概念总结成一句话。” |
| “能再简化一点吗？” | “请用一个小故事或者比喻帮助我理解。” |

读到这里，你心里是否有一种“小确幸”——费曼学习法终于不再是名校学生或某些家庭孩子的“专利”了，现在你有 AI 了，它是一个一对一、不厌其烦的学习方法教练，随时陪你拆解知识、优化表达、查漏补缺。你一定要实践起来，我一直强调“绝知此事要躬行”。

掌握了如何结合 DeepSeek 使用费曼学习法，你不仅能学得更快、更透彻，成为一个学习高手，更重要的是，你将拥有在 AI 时代终身学习的能力。未来，无论是面对考试，还是在职场解决问题，你都会比别人更有逻辑、更有表达力、更能融会贯通。

## 6 亲子费曼日——让学习成为全家的乐趣

少年商学院有一个明星项目“费曼学习法家庭成长营”，由我担任主理人。在学员们学习的过程中，我倡导发起了“亲子费曼日”活动。

总是有很多家长问："怎样让孩子长期坚持费曼学习法？"答案很简单——全家一起做！

当学习不再是孤独的任务，而成为一种共享的体验时，人的状态和气场都会改变。亲子费曼日，就是让全家人轮流用费曼学习法讲解一个知识点、做一个实验、分享一个技能，把知识变成互动，把成长变成游戏，让学习真正融入生活。

亲子费曼日活动怎么进行？以下是我列出的流程步骤，仅供参考。

每周一次，全家轮流讲解、体验、挑战，打造家庭共学的黄金时刻。

### ☑ 第一步：轮流选主题，打破传统认知

每周轮到一位家庭成员（家长也要参与），挑选一个自己感兴趣的话题，不仅限于学科知识，也可以是兴趣探索、生活技能、财商思维、艺术表达等。

- 科学挑战：讲一讲鸡蛋可以在盐水里浮起来的原理，并做一下这个实验。
- 动手制作：拆解一个旧玩具，讲讲它的机械原理。
- 艺术表达：画一幅画，讲解颜色搭配和构图技巧。
- 财商思维：讲解"银行是如何赚钱的""按揭贷款的本质是什么"。

学习不只是讲概念，而是"体验 + 分享"，让孩子发现学习无处不在。

### ☑ 第二步：亲子讲解 +AI 挑战，激发深度思考

- 讲解者分享知识，家人提出挑战性问题，AI 也会“在线考核”。
- 讲解前，孩子先给 DeepSeek 发送提示语，让 AI 扮演“学习伙伴”，确保交流更有针对性。

示例如下。

“嗨，DeepSeek，我要用费曼学习法讲解‘银行是如何赚钱的’，你可以在我讲完后指出漏洞，并提出更深入的问题帮助我理解！”

AI 会在讲解后提出更有深度的问题，比如，

- “银行的贷款利息是如何计算的？”
- “银行的利润来源和普通企业有什么不同？”

讲解 +AI 反馈 + 家庭互动，让知识真正内化。

### ☑ 第三步：评分 + 激励机制，让学习更有动力

家庭成员和 AI 共同打分，标准包括清晰度、趣味性、互动性和创新性。

激励方式有吸引力，让孩子真正有期待。

- 赢家特权：下次“亲子费曼日”可以选一个轻松有趣的主题，比如“如何烤出完美的鸡翅”。
- 挑战卡：讲得最精彩的人可以“挑战”其他家庭成员，下次

必须讲一个他们不擅长的领域，比如妈妈讲《哈利·波特》系列故事，爸爸讲“如何引导三个孩子同时做完作业”（感觉是我太太会给我的挑战）。

- 免做家务券：孩子表现好，可以换一张“免洗碗”或“免倒垃圾”券，随时生效。

说到底，“亲子费曼日”不是一场挑战，而是一场冒险，一场充满未知和惊喜的探索。

我一直认为，学习，不该是埋头刷题，而是充满好奇的探索；家庭教育，不该是监督，而是并肩同行的成长。

我认为，费曼学习法之所以被称为“全世界最聪明的学习方法”，是因为它穿透了学习的三个境界——学会记忆、学会理解、学会创造。

而费曼学习法与 DeepSeek 结合，加速了这一进程。AI 时代应用费曼学习法，不仅意味着孩子有可能快速提高学习成绩与能力，更意味着孩子将拥有终身学习的能力，可以通过“讲解→反馈→改进”来高效学习、精进自己。

不过，学习不仅仅追求高效，更讲究一种松弛感。我期待各位在“亲子费曼日”里，全家人一起讲知识、做实验、分享兴趣，像费曼一样，把学习变成一件好玩的事。

## 4.3 康奈尔笔记 ×DeepSeek——如何高效提炼重点

“华哥，做笔记真的能提高学习成绩吗？”

在我的直播和讲座中，这个问题被问过无数次。我不仅要给予肯定，而且还一直觉得太多人低估了笔记的作用与价值。

在我看来，学霸的主要优势就在于看见了自己思考的过程。而笔记或思维导图等，就是“看见”的媒介，是吸收与输出之间的桥梁。

但现实中，大部分学生的笔记存在两个极端：要么记得太多，反而成了课本的翻版；要么记得太少，回头看一片空白，毫无复习价值。

有没有一种方法，既能高效记录课堂重点，又能帮助学生在复习时快速提炼关键信息？答案是——康奈尔笔记法（Cornell Note-Taking System），这是一种全球广泛使用的科学笔记法，被哈佛大学、斯坦福大学等顶级学府推荐，已经帮助无数学生提升了学习效率。少年商学院太多同学在使用康奈尔笔记法，今天我们来看看它如何与 DeepSeek 这样的 AI 工具结合，进一步提升学习成绩和效能。

### 1 康奈尔笔记相应流程步骤

康奈尔笔记法诞生于 20 世纪 50 年代，由康奈尔大学的教育学教授沃尔特·鲍克（Walter Pauk）发明。他在教学过程中发现，许多大学生的课堂笔记缺乏结构，导致他们在复习时找不到重点，学习效率低下。于是，他设计了一种三栏笔记法，帮助学生系统化记录课堂内容，并形成高效的复习策略。几十年来，这种方法被全球众多高校采用，并逐渐在中小学教育体系中流行。

## 康奈尔笔记本长什么样

如图 4-3 所示，康奈尔笔记通常包括三个功能分区，分别是关键词栏（线索区）、核心笔记栏（笔记区）和总结概要栏（总结区）。你可以购买带有康奈尔笔记格式的本子，或者直接在普通笔记本上手绘分栏，只需要简单地在纸上画出三个区域，就能开始使用这种方法。

图 4-3　康奈尔笔记示例

## 康奈尔笔记相应流程步骤

很多人以为做康奈尔笔记是在课堂上同步完成三栏内容，导致他们觉得“一心不可三用”，很快就坚持不下去了。其实，康奈尔笔记法是一个“流动的笔记系统”，它的核心是对应“前—中—后”三个阶段，而不是一气呵成地完成整页笔记。

### ☑ 课前预习（前）——填写关键词栏

目的：为课堂学习做准备，带着问题听讲。

做法：阅读教材或课本，提前找出重要概念、疑问点，并填写到左侧“关键词栏”内。

示例如下。

- 数学课，预习内容后本节课你眼中的重点概念，如“勾股定理”或“二次函数”。
- 历史课，可以列出“事件名称＋关键人物”，比如“辛亥革命——孙中山”。

### ☑ 课中听讲（中）——记录核心笔记栏

目的：提炼课堂内容，而不是机械抄写。

做法：聚焦老师的讲解，把关键推理过程、例子、重点记录在“核心笔记栏”内。

示例如下。

- 数学课上，老师讲解勾股定理，你应该记录“直角三角形＋

三边关系”，而不是抄课本上的定理原文。

- 语文课上，老师分析苏轼的《念奴娇·赤壁怀古》的情感层次，你可以记录“豪放风格——对比三国英雄——人生感悟”。

### ☑ 课后复习（后）——填写总结概要栏

目的：回顾、归纳，并查漏补缺。

做法：用自己的话总结本节课的核心内容，整理出未掌握的难点，并尝试提出自己的问题。

示例如下。

- 数学：勾股定理适用于直角三角形，但如果不是直角三角形，该怎么计算边长？
- 物理：牛顿第一定律解释了惯性现象，那么在微重力环境下，惯性是否还存在？

**关键提醒**

笔记不仅仅是课堂记录，而是一个学习闭环，覆盖“前—中—后”三个阶段，确保从输入到理解再到复习的全流程优化。

## 2 康奈尔笔记真实案例：历史和物理

为了更直观地展示康奈尔笔记的使用方式，我们以两个具体的学科案例来说明。

## 案例 1　历史——关于辛亥革命的康奈尔笔记

少年商学院学生小杰同学，在学习辛亥革命时使用康奈尔笔记法，所做笔记如图 4-4 所示。

| 关键词栏<br>（课前预习） | 核心笔记栏<br>（课中听讲） |
| --- | --- |
| 辛亥革命<br>孙中山<br>清朝覆灭<br>“中华民国”建立<br>武昌起义 | 1911 年，辛亥革命爆发，首先在武昌爆发并取得成功，随后多个省份响应，清政府被推翻。孙中山成为中华民国临时大总统，但北洋军阀袁世凯很快掌握实权，革命的目标并未完全实现。 |
| **总结概要栏**<br>**（课后复习）**<br>关键问题：为什么辛亥革命成功了，后来却被袁世凯篡权？<br>思考：革命成果如何巩固？ | |

图 4-4　康奈尔笔记示例——辛亥革命

## 案例 2　物理——牛顿第一定律（惯性定律）

学生小雨，在学习牛顿第一定律时使用康奈尔笔记法，所做笔记如图 4-5 所示。

<table>
<tr><td>关键词栏<br>（课前预习）<br><br>牛顿第一定律<br>惯性匀速直线运动外力</td><td>核心笔记栏<br>（课中听讲）<br><br>物体在不受外力作用时，会保持静止或匀速直线运动。实验：猛地拉走桌上的纸时，纸上的杯子不会跟着动，这是因为杯子有惯性。</td></tr>
<tr><td colspan="2">总结概要栏<br>（课后复习）<br><br>关键问题：太空中的航天员飘浮时，惯性是否仍然起作用？</td></tr>
</table>

图 4-5　康奈尔笔记示例——牛顿第一定律

康奈尔笔记的核心价值，不是让你记得更多，而是让你记得更好。它帮助你把笔记从“静态记录”变成“动态学习”，让每一页笔记都真正服务于你的思考和复习。

## 3 使用康奈尔笔记的三大误区

像费曼学习法一样，康奈尔笔记给人的第一感觉也是非常简单。但越简单的东西，往往越不容易被学会。其实通过上面的案例，你已经能感觉到，大多数学生在使用康奈尔笔记时，会掉入以下三大误区中的一个或多个。

### 误区 1　把康奈尔笔记当作“课堂同步记录”

很多学生认为做康奈尔笔记就是上课时同步记录所有内容，导致记课堂笔记变成了一场“速写比赛”，反而影响听课效果。

### 误区 2　关键词栏只是“抄目录”，而无优先级

许多学生在填写左侧的“关键词栏”时，是照着教材目录或具体章节里的加粗字体，把所谓的原理或概念抄进去。实际上学习的主人是你自己，你看我在前文中用的词是“你眼中的重点概念”。换句话说，你选择出优先级高的、难理解的概念，并做标记。等到上课老师讲到这一块时，你一定要更加专注地听；课后复习的时候，也是有的放矢。

### 误区 3　总结栏只是“抄书 + 摘抄”

在底部的总结栏，很多学生直接把老师课堂上最后的总结潦草地抄上去（老师没归纳的话就空着），以为这样就完成了笔记整理。

但康奈尔笔记的核心，是让你用自己的话语归纳学习内容，并思考如何应用。

这些误区导致很多学生觉得康奈尔笔记“麻烦”“用起来无效”，最终放弃使用。但实际上，如果掌握正确的方法，并结合 AI 的辅助，它将成为帮助学生提升学习能力的强大工具。

## 4 康奈尔笔记 ×DeepSeek：用 AI 高效提炼要点

AI 如何与康奈尔笔记深度结合？我们按照“前—中—后”三个学习阶段，来分别解析 DeepSeek 在不同环节中的作用。

### ☑ 课前预习（前）——用 AI 生成关键词，构建思维框架

场景：你在预习历史课，主题是“工业革命”上。

问题：哪些关键词是本节课最重要的？哪些是考试高频考点？

#### 具体操作

先自己思考，在左侧关键词栏写下“工业革命、蒸汽机、经济变革”等基础词语。

然后，向 DeepSeek 提问：

- “我正在预习‘工业革命’，请列出五个最关键的概念。”
- “考试中关于工业革命的核心考点是什么？”

AI 反馈后，调整关键词，将 AI 提供的内容融入你的康奈尔笔记，确保不遗漏重点。

### ☑ 课中听讲（中）——听课时专注理解，课后用 AI 补充笔记

- 场景：上课时，老师讲解知识点的速度过快，部分内容没能完全记录下来。
- 问题：如何避免“课堂笔记太少”或者“笔记记得混乱”？

#### 具体操作

在课堂上，专注听讲，不要被笔记绑架，只记录关键逻辑点（而非逐字抄写）。

放学回家后，将笔记输入 DeepSeek，补充未记录完整的内容：

- “我在课堂上记录了工业革命的主要影响，你能帮我补充一些典型案例吗？”
- “请帮我用更简单的语言，解释蒸汽机如何改变世界？”

AI 提供补充内容后，将其整理进你的康奈尔笔记，加大理解深度。

### ☑ 课后复习（后）——用 AI 进行总结和自测，优化记忆

- 场景：你已经完成了一份康奈尔笔记，接下来要总结和复习。
- 问题：如何确保自己真正掌握，而不是“看过就忘”？

#### 具体操作

自己总结，在总结栏写下本节课的核心收获和疑问点。

向 DeepSeek 提问：

- “请用三句话总结工业革命的核心影响。”
- “能不能出三道小测验，测试我是否真正理解？”

测试掌握情况。可以自己做一遍 AI 生成的测试题，如果能顺利完成，就说明真正掌握了！

AI 并不会代替你思考，而是帮助你查漏补缺、优化笔记、强化理解，让康奈尔笔记的学习闭环更加完善。

## 低效提问 vs 高质量提问（康奈尔笔记的提问策略）

好的提问是找到答案的开始。针对康奈尔笔记的疑问，以及如何与 DeepSeek 结合使用，以下是低效提问 vs 高质量提问的对比（见表 4-2）。请注意，你不能有了 AI，就一切依赖 AI。下面这些问题，即使没有 AI，你也可以自问自答。

表 4-2　低效提问 vs 高质量提问（康奈尔笔记的提问策略）

| 场景 | 低效提问（没大帮助） | 高质量提问（真正有效） |
| --- | --- | --- |
| 课前预习（关键词栏） | “这节课我要学什么？” | “这一课的核心概念是什么？如果只记三个关键词，应该是哪三个？” |
| | “我需要提前做哪些准备？” | “我已经知道哪些内容？有什么是我还不太清楚的？” |
| | “老师这节课可能会考什么？” | “如果我是老师，这节课我会怎么设计考题？” |

（续表）

| 场景 | 低效提问（没大帮助） | 高质量提问（真正有效） |
| --- | --- | --- |
| 课中听讲（核心笔记栏） | “我要怎么把老师讲的全都记下来？” | “如果只能记 5 句话，哪些信息最关键？” |
| | “这节课的信息量太大了，我该怎么办？” | “这节课的内容能用哪种结构整理成逻辑清晰的笔记？比如时间线、因果关系、对比表？” |
| | “这些内容我应该写在哪里？” | “这部分内容适合画图、做表格，还是用关键词记下来？” |
| 课后复习（总结概要栏） | “我复习笔记时要从头到尾看一遍吗？” | “这节课最容易让我忘记的知识点是什么？我能用一句话总结吗？” |
| | “这次笔记有什么用？” | “如果我五个月后复习这份笔记，我需要加什么信息，让它更有价值？” |
| | “我哪里不懂？” | “如果我让你来出一道挑战题，你会考哪个难点？” |

## 5 “学习存折”计划——让康奈尔笔记变得有趣

很多学生在学习过程中坚持不下去的最大原因，是没有得到即时的激励。做笔记不像刷短视频，不会立刻有“爽感”，导致很多人半途而废。

如何让笔记变得更有趣？我给大家推荐一个我在引导部分少年商学院学员使用的小工具——“学习存折”计划。

## “学习存折”计划

### 玩法

孩子每次完成一页康奈尔笔记，就可以存入 1 枚学习“金币”（建议让孩子自己设定这种“学习金币”，还能提升创意思维能力；或者孩子输入指令，让 AI 帮助设计）。

设定存折奖励：建议站在孩子角度看世界，和孩子一起设计奖励方式，参考奖励如下。

- 存满 10 枚金币，孩子可以让家长答应一个有趣的请求，比如“爸妈今天只能说英语交流”“晚餐必须用左手吃饭”“今天爸妈不能监督我写作业”。
- 存满 20 枚金币，未来一周每天可以做以下两件事中的一件：①多玩 20 分钟游戏；②晚睡 30 分钟（看书 / 看剧等，但不能玩电子游戏）。
- 存满 50 枚金币，孩子可以获得一个“神秘挑战信封”，里面有家长准备的隐藏奖励（比如一场意想不到的家庭旅行、一件孩子超想要的礼物等）

定期回顾存折，让孩子看到自己积累的成长，就像存款一样，知识变成了“财富”。

这样，记笔记不再是枯燥的任务，而是一个可视化的成长游戏，让孩子更有动力去坚持！

康奈尔笔记法，让学习从“被动接受”变成“主动整理”；加上 AI 的辅助，更能帮助你查漏补缺、优化理解，形成真正的学习闭环。

如果你仔细观察身边成绩好的学生，你会发现，他们的笔记往往不是密密麻麻的抄写簿，而是经过思考、归纳、整理的“第二大脑”。

掌握科学的笔记方法，看见自己思考的过程。愿每个同学都成为 AI 时代的超级学习者。

第五章

# DeepSeek 如何提升跨学科思维能力

## 5.1 DeepSeek 如何帮助孩子建立学科间的知识连接

我家三个孩子都是“哈迷”。有一次我陪老三去参加《哈利 · 波特》系列读书会，原本以为他们只会讨论故事情节，比如哈利的冒险、伏地魔的阴谋，结果却发现，每个孩子的关注点大不相同。

- 有的孩子对魔法世界的规则深感兴趣，不断研究魔法咒语的逻辑；
- 有的孩子对魁地奇比赛的战术着迷，分析如何利用风速提升飞行效率；
- 还有的孩子热衷于霍格沃茨的货币体系，试图推测巫师界的货币兑换方式；

…………

这让我意识到，一部书其实可以打开通往多个学科的大门。表面上，它讲述的是一个奇幻故事；实际上，它蕴含着科学、经济、文化、心理学等领域的众多元素（见表 5-1）。

表 5-1 《哈利·波特》系列中的跨学科元素

| 学科 | 跨学科元素列举 |
|---|---|
| 物理 | 飞天扫帚如何飞行？是否符合空气动力学？ |
| 生物 | 在现实中真的存在“魔法药水”吗？有什么类似作用的草药？ |
| 化学 | 斯内普教授的魔药学，其实就是一门“巫师版化学课”吗？ |
| 心理学 | 摄魂怪如何影响人类情绪？现实中有什么类似的心理现象？ |
| 历史 | 巫师界的历史体系是如何建立的？和中世纪欧洲有何相似之处？ |
| 数学 | 在霍格沃茨开学时，学生被分配到四个学院的概率如何计算？ |
| 经济学 | 巫师界的货币体系（加隆、西可、纳特）与现实经济有什么关系？ |
| 体育 | 魁地奇比赛使用的战术策略，是否类似于足球、篮球所使用的战术策略？ |
| 语言学 | 魔法咒语如“Lumos”，是否来源于拉丁语？ |
| 法律 | 魔法部的司法体系如何运作？它和现实法律体系有什么异同？ |

知识之间并非割裂的，而是可以交织成一张巨大的“认知网络”。这个观点你认可吧？

如果把知识换成学科，那么数学、语文、科学、历史、艺术之间有关系吗？

在书房里写这段文字时，我的面前就放着一本非常厚重的大书——《数学与艺术》。数学可能是“最美”的学科，其中包括譬如圆周率、黄金分割点、斐波那契数列等，这些都是那么让人着迷。

大多数人会说，这本书是“课外书”。在学校里说一就是一，说二就是二，“我在数学课上学方程，在语文课上学文言文，它们之间怎么可能有联系呢”，这其实是大多数家长甚至老师的思维惯性（孩子们其实天然地有好奇心，他们怎么会介意各种好玩事情的交叉与混搭）。我们习惯了用“学科”来划分知识，每节课、每本书、每次考试，似乎都是独立的板块，彼此毫无关联。

但现实世界并不会按照“学科”出题。

- 一名医生：需要懂生物学（人体结构）、数学（药剂计算）、心理学（与患者沟通）。
- 一名建筑师：需要掌握物理（力学原理）、美术（空间设计）、数学（结构计算）。
- 一名创业者：需要整合经济学、市场营销、心理学等多学科知识。

深圳某小学四年级的数学试卷以跨学科和场景化应用为特征，轰动全网。有越来越多的家长和老师觉得，未来已来。如果永远待在一个个“学科孤岛”上，那么这既不符合现在当前的发展趋势，也不是在培养面向未来的人才。

那怎么办？让 AI 来帮忙吧！

## 1 孩子为什么难以跨学科学习

我想，跨学科学习主要的挑战包括至少以下三个方面。

### 学科割裂，孩子无法主动建立联系

- 数学课讲勾股定理，物理课讲力学，大家认为这两个知识点毫无关联。
- 语文课学《捕蛇者说》，很少有人会想到这篇文章可以和生物学的生态系统结合理解。
- 老师授课时大多聚焦本学科内容，很少跨学科引导，孩子也就习惯了学科之间的“边界”。

### 课堂知识无法迁移到现实生活

- 在科学课上学了浮力，但到了游泳池，孩子还是不知道为什么身体会漂浮起来。
- 在数学课上学了概率，但孩子还是不知道如何在实际生活中理解彩票中奖的数学原理。
- 课堂考试只考单一学科，孩子缺乏真实场景应用的机会，只是记住了知识，却不会用。

### 孩子和老师都不善于提出跨学科问题

- 孩子习惯于记忆课本上的“标准答案”，不会发散思考，不知道如何从多个角度去拆解问题。
- 许多老师的备课方式也是单一的，面对综合性问题，不知道如何引导学生思考。
- 孩子在 AI 时代不会问问题，导致 AI 只能给出片面的“答案”（包括一本正经地胡说八道），而不会帮助他们建立知识网络。

## 2 借助 DeepSeek 突破“学科孤岛”

DeepSeek 可以成为孩子的“学科桥梁”，帮助他们建立跨学科思维。我们可以赋予 DeepSeek 三大角色，让它帮助孩子打破知识边界（见表 5-2）。

表 5-2 DeepSeek 帮助孩子打破知识边界角色示范

| DeepSeek 角色 | 职能 | 示例问题 |
| --- | --- | --- |
| 桥梁建造师 | 让孩子发现不同学科之间的隐形桥梁，冲出“学科孤岛” | “为什么音乐和数学有这么深的关系？” |
| 灵感探索家 | 通过真实案例，让知识焕发生命力，让学习更具现实意义 | “数学是如何帮助建筑师设计完美拱形桥的？” |
| 思维魔术师 | 把复杂的问题拆解成易理解的线索，帮助孩子学会跨学科思考 | “如何用物理和数学解释滑雪运动中的速度控制？” |

### 常见的低效提问 vs 如何向 DeepSeek 提出高质量问题

低效提问：孩子或老师常见的三种提问方式。

- “请给我解释一下勾股定理。”（太局限，只停留在单学科内）
- “为什么飞机能飞？”（问题太宽泛，AI 无法精准回答）
- “为什么历史很重要？”（缺少具体情境，回答可能流于表面）

### 如何提出更好的问题

为了让 AI 提供更有价值的答案，我们需要提出具体、有层次的问题，帮助孩子跨学科思考。表 5-3 列举了部分高质量提问及其背后的跨学科联系。

表 5-3　部分高质量提问及其背后的跨学科联系

| 高质量提问 | 跨学科联系 |
|---|---|
| “勾股定理除了用于数学，还能在哪里应用？” | 数学 × 物理（力学计算、航天工程） |
| “飞机飞行涉及哪些学科原理？” | 物理 × 工程（流体动力学、空气动力学） |
| “历史对现代科技发展有什么影响？” | 历史 × 科技（蒸汽机与工业革命、计算机的发展史） |
| “音乐和数学有什么共同点？” | 音乐 × 数学（节奏与分数、小数、频率计算） |
| “如何用心理学和经济学来解释消费者行为？” | 心理学 × 经济学（行为经济学） |
| “为什么脱氧核糖核酸（DNA）的双螺旋结构是最稳定的？” | 生物学 × 物理（分子结构、氢键作用） |

### 提问技巧总结

- 避免孤立学科问题（让问题涉及多个学科）。
- 提供具体情境（用历史事件、生活现象去提问）。
- 让 AI 进行类比（例如，“光合作用和计算机算法之间有什么相似之处？”）。
- 把复杂问题拆解成小问题（例如，“电池的发明涉及哪些学科？”→“有哪些化学反应？”“有哪些物理原理？”）

## 3 “跨学科侦探周”与“项目制学习月”

因为多数老师和学生才刚刚走上跨学科教学和学习这条路，所以我就不再针对上文提到的三方面挑战，分门别类给出高效的应对策略，或者引导 AI 给出单个方法了。

我们换一种更有趣的方式，让孩子、家长和老师一起，通过两个完整的活动任务或项目，在解决实际问题的过程中，自然地运用不同学科的知识。这不仅能让学习变得更有趣，也能帮助孩子养成整合思考的能力。

### 第一个活动：“跨学科侦探周”

在这个活动中，老师或者家长需要鼓励孩子，每周从一个科目出发，寻找其中可能涉及的跨学科知识点，然后运用 DeepSeek 进行探究式学习。最后，在家里或班里，通过费曼学习法向大家分享自己的发现，这样做不仅能加深孩子对知识的理解，还能锻炼孩子的表达能力。老师和家长记得给孩子表扬甚至奖励。

我举一些 AI 角色助力跨学科联系的例子（见表 5-4）来抛砖引玉。

表 5-4　AI 角色助力跨学科联系示范

| 学科 | 跨学科联系 | AI 角色助力 |
| --- | --- | --- |
| 语文 | 古诗“日照香炉生紫烟”→化学（火山喷发的“紫烟”是真的吗？） | 解析火山喷出物成分，提供科学解释 |
| 数学 | 斐波那契数列→美术 / 自然科学（黄金分割在哪些地方出现？） | 生成黄金分割示意图，分析其在自然界的应用 |

（续表）

| 学科 | 跨学科联系 | AI 角色助力 |
|---|---|---|
| 英语 | 《哈利·波特》系列中魔咒的词根→拉丁语 / 语言学（英语单词的历史渊源？） | 拆解词根，生成词汇树 |
| 物理 | 光的折射→生物学（水中的鱼为什么看起来比实际位置高？） | 生成光路模拟，理解折射原理 |
| 历史 | 丝绸之路的贸易→经济学 / 地理（哪些商品适合长途贸易？） | 解析古代贸易路线，模拟货物流转 |
| 生物 | 昆虫拟态→心理学 / 设计（为什么某些昆虫要“伪装”成树叶？） | 生成昆虫拟态图片，解释自然选择 |
| 化学 | 可乐 + 薄荷糖→物理（背后的气体压力变化原理？） | 在分子层面解析化学反应，提供实验案例 |
| 地理 | 沙漠绿洲的形成→生态学 / 环境科学（水源从哪里来？） | 解析绿洲的水文循环，提供全球案例 |
| 政治 | 环保政策→经济学 / 环境科学（低碳经济如何影响全球贸易？） | 解析国际碳交易，生成数据对比 |
| 体育 | 投篮角度→数学 / 物理（最理想的投篮抛物线角度是多少？） | 计算不同角度抛物线，优化投篮技巧 |

### 第二个活动：“项目制学习月”——让跨学科学习变得有趣

项目制学习（Project-Based Learning，PBL）是全球最受欢迎的跨学科学习方式之一，它让孩子围绕一个现实世界的问题，去探索、研究、合作、动手解决问题。相比传统的学习方式，它有以下三大特点。

- 基于真实世界的问题，而不是单纯的课本知识：孩子在解决问题的过程中，会主动去挖掘不同学科的知识。
- 融合多学科思维：项目会涉及数学、科学、语言、社会学等多个领域，真正实现知识的整合。

- 强调创造力与协作：孩子们需要进行团队合作，设计解决方案，并展示和分享。

那么，一个家庭或者一个班级，可以在某个月（家庭的话一般选择寒暑假），通过头脑风暴确定一个项目去进行探究式学习，同时结合 DeepSeek，让其成为孩子们的智能助手。

我整理了全球部分中小学流行的 PBL 项目（见表 5-5）。它们都已经在不同国家的课堂或课外活动中取得了很好的学习效果。

表 5-5　全球部分中小学流行的 PBL 项目

| PBL 项目 | 涉及学科 | AI 在其中的角色 |
| --- | --- | --- |
| 未来城市设计 | 数学（建筑设计）、物理（能源系统）、社会学（城市规划）、美术（视觉呈现） | AI 帮助模拟城市规划，计算能源消耗、预测人口增长 |
| 太空探索计划 | 物理（航天动力学）、生物（外星环境对人体影响）、编程（AI 自主导航） | AI 生成任务方案，模拟火星基地设计 |
| 食品科学实验室 | 化学（食物成分分析）、生物（人体营养学）、商业（食品市场营销） | AI 分析食品营养价值，帮助设计健康餐单 |
| 拯救濒危动物 | 生物（生态学）、地理（栖息地研究）、伦理学（动物保护问题） | AI 提供全球濒危物种数据，模拟不同保护措施的效果 |
| 创造自己的公司 | 经济学（市场分析）、数学（财务预算）、设计（品牌营销） | AI 生成商业计划，模拟消费者行为分析 |
| 建造最环保的房子 | 物理（能量转换）、化学（材料科学）、美术（房屋设计） | AI 推荐可持续建筑材料，计算房屋碳排放 |

（续表）

| PBL 项目 | 涉及学科 | AI 在其中的角色 |
|---|---|---|
| 用数学预测世界杯冠军 | 数学（概率论）、体育（球员数据分析）、计算机（机器学习） | AI 处理历史比赛数据，生成预测模型 |
| AI 写作挑战赛 | 语言（创意写作）、科技（自然语言处理）、伦理学（AI 与人类创作的界限） | AI 作为写作助手，帮助改写文章并提供创意建议 |
| 虚拟博物馆策展人 | 历史（文化遗产）、地理（文明发展）、艺术（展览策划） | AI 帮助整理历史数据，生成虚拟展览馆 |
| 编写环保法律提案 | 政治（政策制定）、地理（全球污染情况）、生物（环境影响） | AI 提供不同国家的环保政策案例，并模拟立法过程 |

过去十多年，我曾带领少年商学院团队，运用斯坦福设计思维的方法，持续在全国开展项目制学习，北京、上海的很多学校也邀请我们到学校为老师们讲解如何开展项目制学习。

每次看到学生们的作品，我都非常感动。“项目制学习月”不是一场考试，也不是额外的负担，而是一场关于探索、创造、合作和成长的学习旅程。

现在我倡导读者朋友们带领孩子巧用 DeepSeek 高效学习法。一年一次，开展项目制学习，无论是以家庭还是班级为单位，都可以真正让孩子感受到跨学科学习的乐趣。最重要的是，它帮助孩子从单一学科思维，迈向真正的综合性思考，并提升解决真实社会问题的能力——这正是未来世界最需要的素养。

## 5.2　如何通过实际案例与场景理解所学原理

2019 年 4 月，我们家召开了一次家庭会议，讨论当年国庆假期的旅行计划。孩子们兴奋地围坐在餐桌前，期待着这次全家出行能带来新的体验。

“这次瑞士之行，我们每个人都要负责一部分任务。”我一边打开地图，一边说，“比如谁来设计线路，谁来订票，谁来研究当地的美食。”

全家人立刻开始讨论分工与协作。

老大跟妈妈一起负责订机票。他原本以为只要在手机上点几下就可以，结果自己一体验，就发现里面学问不小：为什么不同平台上的票价会有差异？为什么航班的价格每天都在变？折扣背后的算法是什么？

老二和我负责规划旅行路线。他一开始只是排列景点，后来他发现：为什么火车票比机票贵？为什么有的地方要绕远路才能到达？他拿出世界地图，终于理解了地理课上“地形对交通的影响”这个概念——原来高山真的会影响路线选择。

老三还比较小，在学画画，因此我给他找了一本图解瑞士的漫画书。他认真研究瑞士的风景，用自己的方式在地图上标注出特色地点，还结合颜色和符号做了区分。

那一年的瑞士之行，让孩子们自己感受到了“知识的用处”，更重要的是，这不是单一学科的，而是跨学科的。他们在解决实际问题时，自然而然地运用了不同学科的知识，并形成了自己的理解。这种体验式学习的效果，胜过单纯的理解定义和做练习题。

但在现实中，很多孩子却没有这样的体验。我指的并不是出国旅行这件事，而是在实际生活与所学知识之间搭建起一个桥梁。

在目前的学习环境里，学生的学习更像是“为了应对考试”——知识被分割成一块块碎片，缺少与现实世界的连接。当孩子问出“学这个有什么用”时，家长往往也无从回答。

但现在，AI 出现了，情况变得不一样了。

AI 能够让知识和现实世界产生连接，让学习变得更有意义。DeepSeek 可以帮助孩子们理解知识背后的应用场景，甚至在 AI 的引导下，直接“模拟”真实世界的学习环境，让知识变得可见、可感、可应用。

## 1 为什么孩子学了知识却无法真正理解

### 挑战 1　知识太抽象，让孩子缺乏感知

- 在课堂上讲太阳的直径约是地球直径的 109 倍，但这个数字对孩子来说毫无意义。
- 但你可以引导他：“如果地球是一颗乒乓球，那么太阳可能是什么球？”最后，你说相当于健身用的瑜伽球。这样一来，孩子是不是更容易理解了。

### 挑战 2 学科知识难以应用到现实世界

- 在语文课上学了“夸张的修辞手法”，但孩子仍然不会在作文中使用生动的表达。
- 在数学课上学了概率，但孩子还是不明白为什么买彩票中奖概率几乎是 0。
- 在历史课上学了古代丝绸之路，但孩子还是不知道在现实中的国际贸易如何运作。

### 挑战 3 家长和老师不擅长用类比与案例讲解

- 在课堂上，老师大多讲概念，而不会用孩子易理解的比喻来解释。
- 例如，费曼曾用苹果与地球来解释原子大小，这种方式让概念变得直观，但很多课堂仍然习惯于使用“定义 + 例题”的讲解模式。
- 家长也常常不会用场景化的方法，让孩子真正理解知识，而是直接告诉他答案。

## 2 借助 DeepSeek 让知识变得“可见”

DeepSeek 可以成为孩子的“知识场景师”，帮助他们建立“感知式理解”。我赋予 DeepSeek 三大角色，帮助孩子们更直观地理解知识（见表 5-6）。

表 5-6　DeepSeek 帮助孩子更直观地理解知识角色示范

| AI 角色 | 职能 | 示例问题 |
|---|---|---|
| 情景建造师 | 把抽象概念转化为直观的生活场景，让孩子“看见”知识 | “如果地球的大小和乒乓球一样，那太阳有多大？” |
| 类比魔术师 | 通过生动比喻，让孩子更轻松地理解复杂知识 | “为什么鲸鱼不能在陆地上生存？可以用气球来解释吗？” |
| 现实连接者 | 提供现实世界的案例，让知识更具现实意义 | “为什么在学习概率论后，你不会去买彩票？” |

## 低效提问 vs 高质量提问：如何向 DeepSeek 提出更有效的问题

对于“知识太抽象，让孩子缺乏感知”这一挑战，可以使用“情景建造师”角色进行提问优化（见表 5-7）。

表 5-7　使用“情景建造师”角色进行提问优化示例

| 低效提问 | 高质量提问 | 场景 / 案例 |
|---|---|---|
| “太阳的直径是地球直径的多少倍？” | “如果地球是乒乓球，那太阳是什么？” | 乒乓球 vs 瑜伽球比喻，直观感知比例 |
| “历史跨度是什么意思？” | “如果人类历史的时长是 24 小时，我们现在处于哪一秒？” | 时间缩放比喻，直观理解历史进程 |
| “声音是如何传播的？” | “如果你在太空大喊一声，为什么没人听得见？” | 电影《星际穿越》中的真空场景 |

对于“学科知识难以应用到现实世界”这一挑战，可以使用“类比魔术师”角色进行提问优化（见表 5-8）。

表 5-8 使用“类比魔术师”角色进行提问优化示例

| 低效提问 | 高质量提问 | 场景 / 案例 |
| --- | --- | --- |
| “概率论是做什么的？” | “为什么买彩票中奖的概率那么低？” | 彩票中奖概率 vs 现实数学应用 |
| “比喻手法有哪些？” | “如何用比喻来形容‘孤独’？” | 语文写作中的高级修辞技巧 |
| “为什么学习丝绸之路？” | “如果你是马可·波罗，如何做国际贸易？” | 历史 × 经济学的现实模拟 |

对于“家长和老师不擅长用类比与案例列举”这一挑战，可以使用“现实连接者”角色进行提问优化（见表 5-9）。

表 5-9 家长和老师不擅长用类比与案例列举

| 低效提问 | 高质量提问 | 场景 / 案例 |
| --- | --- | --- |
| “牛顿第一定律是什么？” | “为什么在汽车制动时，乘客会向前冲？” | 交通安全中的惯性现象 |
| “为什么洗完手后，水珠会沾在手上？” | “如果水有‘手指’，那么它是在‘抓’着你的皮肤吗？” | 表面张力的拟人化理解 |
| “为什么语法重要？” | “如果没有标点符号，文章会变成什么样？” | “吃饭，妈妈” vs “吃饭妈妈” |

**一个重要提示**

有同学可能会说，上面那些高质量提问，实在太“高级”了，我提问不出来。没有关系。AI 还有一个非常精妙的价值，就是它不会因为你问的问题不太好而“鄙视”你。相反，你把你真实的困惑和焦虑告诉它，等于提供了提问的背景，反而便于它更好地帮你了。

譬如，你可以直接问："我们在学习牛顿第一定律，你能举三个它在生活中常见的应用场景或案例吗？"很可能它举的例子之一就是当汽车制动时，你身体向前倾。这时，你就可以抓住这个案例，运用在本节中提到的所有你喜欢的提问方式，追问 DeepSeek 了。

## 3 让孩子成为"生活艺术家"

有一年我去芬兰中小学学校参观交流，给我印象最深的课程既不是数学、物理，也不是编程，而是"家庭经济课"。

这不是家政、技校课程，而是教孩子"如何好好生活"的课程。其课程涵盖五大类内容。

- 创意烹饪：不仅学会烹饪，还要理解食物的营养价值、文化背景。
- 空间管理：掌握高效整理、居家收纳的方法，让生活井井有条。
- 理财规划：理解金钱管理，从小培养理性消费和规划预算的能力。
- 健康管理：学习运动与营养搭配的科学，让身体保持最佳状态。
- 公益环保：通过垃圾分类、节能减排等实际行动，理解社会责任。

芬兰的老师告诉我，家庭经济课的核心目的是通过亲身实践，让学生们意识到生活中所做的每一个决策都和知识有关，数学、科学、经济学、心理学无处不在。同时，我们要学会生活，而不只是生存，要不断提升独立性和解决问题的能力。

我一直觉得，生活学习其实与学科学习同等重要，甚至更重要。希望未来更多学校和家长能够引导孩子成为“生活艺术家”——不仅能学习知识，还能用知识把生活变得更美好。

我们可以将芬兰家庭经济课所授内容拆解成五个核心生活领域，并结合 DeepSeek 进行探究式学习。下面是一些例子。

- 创意烹饪：孩子想做一道西班牙海鲜饭，DeepSeek 可以解析其中的化学变化，例如米粒吸收高汤的原理，还可以推荐最合适的调料比例，甚至讲解西班牙饮食文化的历史背景。
- 空间管理：孩子总是弄乱书桌，DeepSeek 可以提供高效整理策略，比如“黄金收纳法则”，甚至可以生成不同房间布局的 3D 模型，让孩子自己设计最舒适的学习空间。
- 理财规划：孩子想存钱买一款心仪的模型，DeepSeek 可以帮助制订存钱计划，模拟不同储蓄方式的利息增长，还可以分析打折促销的真正性价比，让孩子成为精明消费者。
- 健康管理：孩子想提高跑步成绩，DeepSeek 可以提供训练计划，分析步频、呼吸节奏与速度的关系，还能推荐最佳饮食搭配，让运动效果最大化。
- 公益环保：孩子想减少家里的塑料使用，DeepSeek 可以帮助分析不同材质塑料对环境的影响，推荐可替代的绿色材料，并计算减少塑料使用对减少碳排放的长期贡献。

最后，我想说的是，课堂上知识与现实世界的脱节，导致太多孩子认为“知识无用”，对学习的兴趣下降。孩子们其实并不是“学不会”，而是缺乏有效的学习方法，无法将知识与直观的场景连接起来。

DeepSeek 作为“知识场景师”，让知识变得“可见”，帮助孩子更好地搭建知识与现实世界之间的桥梁，让他们不只是停留在课本上学习，而是成为真正能理解、能应用知识的思考者。

但也请不要一味“沉迷”于 AI 的虚拟世界，而是要学会劳逸结合，学会放松。世间处处皆学问，花时间做一道菜，你的学习成绩并不会因此变差，反有可能变得更好。生活的艺术家，也是真正的学习高手。

# 第六章

# DeepSeek 如何助力学习计划制订与时间管理

## 6.1 如何制订高效学习计划，让学习更有条理

“华哥，我感觉有点窒息。”前段时间，一位少年商学院的老学员、生活在杭州的 15 岁男孩在微信给我留言求助。原本，他是个阳光、自信、热爱探索、成绩优异的孩子，在参加我们的线下项目时表现也非常好，但他现在的状态看起来让人担忧。

一问才知道，他在进入初三后，学习压力陡增。为了保持成绩并兼顾自己的兴趣爱好，他想出了一个“完美”方案（他本身就是一个完美主义者）——制订一个超详细的学习计划。

于是，他在电子表格（Excel）里设计了一张密密麻麻的时间表，每 30 分钟为一个时间段，被各种学科任务填满。他以为这样能让自己高效学习，但结果适得其反。他说现在看到这样的表格，几乎都有应激反应了。

这让我想起，很多学生的“学习计划”，其实根本算不上计划。大多数学生的学习计划，只不过是任务清单 + 时间表，把学习拆分成像流水线一样一格一格的待办事项。可真正高效的学习计划，不只是列清单，更重要的是科学安排、优化执行、适应调整。同时，不要忘记还要劳逸结合和调节情绪。

为什么大多数孩子制订的学习计划都行不通？其实每个中小学生在制订学习计划时，都会遇到不少挑战。

## 1 80% 的孩子制订学习计划时的三大挑战

许多家长和孩子都以为，在制订学习计划时，“安排得越详细，执行效果越好”，但事实恰恰相反。以下三大误区，导致了大多数孩子的学习计划形同虚设。

### 挑战 1 计划 = 日程表，每天只是“爬格子”

**常见表现**

- 把计划当成任务清单，每天填满时间表，按部就班地执行，但根本没思考如何提高学习效率。
- 计划看似很详细，比如“7:00—7:30 背单词，7:30—8:00 做数学题”，但时间安排得过于死板，无法应对突发情况。
- 只关注“完成多少”，但从不复盘“学习效果如何”。

**问题本质**

- 学习计划≠时间表。过度细化时间安排，反而容易失去灵活性，最终产生心理负担。

## 挑战 2　目标设定过高或过低，缺乏现实感

**常见表现**

- 目标过高：想让某个学科的成绩在一个月内提高 30 分，想把所有学科都变成“优势科目”，想每天坚持学习 10 小时，导致计划执行起来压力巨大。
- 目标过低：只列出模糊任务，比如“这周学完数学第六章”，但没有具体的行动步骤，导致计划执行起来效率低。
- 没有优先级：认为所有任务都“重要”，但其实缺乏重点，不知道该先学什么。

**问题本质**

- 目标需要分解和优化。学习计划不是“许愿清单”，而是要让目标可执行、可衡量、可调整。

## 挑战 3　计划执行后，没有反馈和优化

**常见表现**

- 只管执行，不评估效果，导致一直在低效学习。
- 学习计划执行一段时间后，发现效果不好，但不知道如何调

整，最终放弃学习计划。

- 家长往往只关心孩子有没有“完成学习计划”，而不是“学得好不好”。

**问题本质**

- 学习计划需要动态调整。学习计划不是一成不变的，而是一个不断优化的过程。

## 2 用 DeepSeek 赋能学习计划制订

一个好的学习计划，不是让孩子“爬格子”，而是让孩子更有方向感，更能高效学习。DeepSeek 这样的 AI 工具，如何帮助孩子避开这些误区，让计划更容易制订、清晰可见，并且易于执行呢？

在这里，DeepSeek 可以扮演“学习计划教练”的角色，帮助孩子把学习计划变得更科学、更适合自己，并且更容易坚持下去。

为了让 AI 更好地帮助孩子完善学习计划，我们可以赋予 DeepSeek 三个重要的角色（见表 6-1）。

表 6-1 DeepSeek 帮助孩子完善学习计划角色示范

| AI 角色 | 职能 | 示例应用 |
| --- | --- | --- |
| 时间规划师 | 让任务安排更加科学，避免过度堆积 | “帮我把这周的学习任务安排得更合理一些，留出运动时间。” |
| 目标拆解师 | 让目标不再遥不可及，拆解成“跳一跳”就可以够着的小任务 | “我想在两个月内提高英语阅读能力，可以怎么分阶段完成？” |

（续表）

| AI 角色 | 职能 | 示例应用 |
| --- | --- | --- |
| 反馈调整员 | 不断优化学习计划，识别执行中的问题并调整 | “我今天的学习计划执行得不太顺利，DeepSeek 可以帮我优化一下吗？” |

接下来，我们具体来看，DeepSeek 如何逐一应对学习计划的三大挑战。

## 挑战 1　计划变成任务堆积，最终崩溃

对于类似我们这位杭州学员、习惯于制定密密麻麻的时间表的同学，我猜你可能最多执行三天“计划”。一旦错过一个任务，整个计划就乱了。于是你开始焦虑，觉得自己“时间不够用”，但其实，是你的计划设计得有问题。

### DeepSeek 解决方案：动态调整，避免任务堆积

DeepSeek 可以帮助孩子设计更加合理的学习计划，避开“时间表陷阱”。使用步骤如下。

第一步，输入任务：你可以先告诉 DeepSeek，一天中有哪些学习任务，比如语文复习、数学练习、英语阅读等。

第二步，设定优先级：你把你的不涉及隐私的背景信息告诉 DeepSeek，让它帮助你将任务分出梯队与优先级。最终确定下来哪些任务最重要、哪些可以适当调整。

第三步，生成灵活计划：DeepSeek 会自动调整任务安排，确保任务不会过载，留出缓冲时间。

第四步，执行反馈：如果当天没有完成某项任务，你可以在晚上睡前给 DeepSeek 反馈，它会帮助你调整后续几天的安排，而不是直接堆积任务。

表 6-2 是关于任务堆积的低效提问和高质量提问对比示例。

表 6-2　关于任务堆积的低效提问和高质量提问对比示例

| 低效提问 | 高质量提问 |
|---|---|
| “如何安排每天 6 个学科的学习？” | “6 个学科如何分出优先级并规划关键学习时段？” |
| “为什么我的学习计划总是完不成？” | “你能帮我分析哪些任务是低效的、可以优化的吗？” |
| “如何才能每天坚持完成作业？” | “有没有更轻松的方法，让写作业这件事有节奏感？” |

## 挑战 2　目标太大，难以拆解

我在努力提升英语水平，还跟我大儿子一起参加了托福考试。我曾设计日常的英语学习计划，譬如，每天听一篇 TED 演讲，一周学 500 个英文单词，一个月后不看中英文字幕能听懂 TED 演讲。

结果，第一个星期，我就觉得计划太难执行了。原因除了人到中年、角色多元、时间有限，最根本的其实是目标太大，缺乏阶段性拆解，导致学习压力太大，最终无法坚持。

### DeepSeek 解决方案：“跳一跳小目标”，分阶段完成

DeepSeek 可以帮助你我，还有孩子们设定“跳一跳可以够着的

目标"(简称"跳一跳小目标")，即在大体认识到自己水平的前提下，既要把目标设计得稍微有挑战性，又不能遥不可及。解决方案具体包括以下 4 个步骤。

### 设定最终目标

比如"三个月后，我希望能听懂 60% 的教育与成长类 TED 演讲（毕竟是我的专业领域）"。

### 拆解小目标

- 第一个月：听懂 30% 的教育与成长类 TED 演讲
- 第二个月：听懂 50% 的教育与成长类 TED 演讲
- 第三个月：听懂 80% 的教育与成长类 TED 演讲

### 拆解具体任务

- 每天听一篇 TED 演讲的节奏不变（TED 演讲每篇最多不超过 18 分钟），但一周不用听 7 篇，而是听 3 篇，每篇听 3 遍——第一遍带中文字幕，第二遍带英文字幕，第三遍不看字幕。
- 每周学 50 个高频单词（原计划的 1/10），熟悉单词的基本意思后，让 DeepSeek 将这 50 个单词生成一篇情景化的文章，我再去熟悉文章。

### 动态调整

- 如果发现任务太难，可以适当降低难度，而不是直接放弃。

表 6-3 是关于任务调整的低效提问和高质量提问对比示例。

表 6-3　关于任务调整的低效提问和高质量提问对比示例

| 低效提问 | 高质量提问 |
| --- | --- |
| “如何快速提升英语听力？” | “你能帮我拆解通过听 TED 演讲提升英语听力的核心技能点吗？” |
| “为什么背单词总是记不住？” | “你能推荐适合我的记忆方法和复习间隔吗？” |
| “如何在一个月内提升英语听力？” | “如何设定一个合理的、为期四周的英语听力提升计划？” |

## 挑战 3　计划难以坚持，执行力弱

### DeepSeek 解决方案：提供执行反馈

第一步，计划评估：孩子每天可以向 DeepSeek 汇报当天学习情况，比如，

“我今天完成了 80% 的任务，感觉有点累。”

“这周的计划太紧张，我觉得有点撑不住了。”

第二步，DeepSeek 反馈：分析孩子的学习模式，并给出调整建议，比如，

“你这周任务完成度达到了 80%，下周可以适当减少 10% 任务，避免过载。”

“你每天的任务有点重复，比如英语听力可以换种方式练习，让学习更有趣。”（这时候你可以接着与 DeepSeek 聊，根据本书所述不同科目遇到挑战时相应的提问方式）

第三步，动态优化：孩子可以根据 DeepSeek 的反馈，每周调整一次计划，而不是每周重复计划。

表 6-4 是关于学习计划的低效提问和高质量提问对比示例。

表 6-4 关于学习计划的低效提问和高质量提问对比示例

| 低效提问 | 高质量提问 |
| --- | --- |
| “为什么我的计划总是坚持不下去？” | “你能帮我找到导致我学习坚持不下去的关键因素吗？” |
| “如何让学习变得更有趣？” | “你能推荐一些互动学习工具或方法吗？” |
| “计划应该多久调整一次？” | “如何在不打乱节奏的情况下优化学习计划？” |

## 3 “家庭看板”：让目标更清晰

每个人在制订学习计划时，都会遇到挑战。前文对三大挑战及向 AI 提问的方法进行了详细介绍。未来 AI 会给你个性化的方法，你要学会做选择，千万不要胡子眉毛一起抓，最后在计划本身上浪费大量时间与精力。

与此同时，我想将我在少年商学院倡导的“家庭看板”活动分享给你。完成学习计划不仅仅是孩子的事，家庭的氛围决定了孩子能否真正坚持完成目标。

如果家里没有目标管理的习惯，孩子制订的学习计划，也很容易“随风飘散”——开始时热情满满，几天后就不了了之了。

如何让目标管理成为一种家庭习惯？一个简单的方法就是“家庭看板”，让全家人都在同一个空间里，记录自己的目标，互相鼓励，营造仪式感。

### “家庭看板”：让目标变得可见

所谓家庭看板，就是家里的一块白板或大白纸，上面写着全家人的目标。

“家庭看板”活动如何操作？

- 每年一次，每次为期 1 ~ 3 个月。
- 每个家庭成员都要写下这个月或这个季度自己的目标和实现目标的计划（不多于 3 条计划）。
- 每周复盘一次，看谁积极推进，可对谁进行“表彰”。
- 每个人的目标不限于学习，也可以是运动目标、阅读目标等。

### AI 如何协助“家庭看板”

DeepSeek 可以让“家庭看板”活动更智能、更容易坚持，操作方式非常简单。一是帮助各位家庭成员找到合适的目标并进行科学拆解，二是追踪进度、提供反馈，三是帮助家庭设置个性化的奖惩机制。

Tips **小贴士**

国际上有以下两个常见的目标管理方法。

1. SMART 目标管理法

S（具体的）、M（可衡量的）、A（可实现的）、R（相关的）、T（有时限的）。

2. OKR 目标管理法

O（目标）：明确想达成什么；KR（关键结果）：更容易达成目标的关键指标。

你也可以告诉 DeepSeek，你想让它根据上述某个目标管理方法，帮助你制订或优化学习计划。当然，这只是你提供的“背景信息”。你还是要根据 DeepSeek 高效学习法以及本书提供的拆解方法来按图索骥，通过自己的不断反思以及与 AI 的对话交流，找到症结与解决办法，然后行动。

希望每个同学都能有科学的目标，真正成为学习的主人，而不是被各种所谓的计划或表格裹挟、绑架，最终不仅失去学习的兴趣与动力，还身心疲惫甚至产生抑郁情绪。

这也是我推荐“家庭看板”的原因。我们家曾经施行“家庭看板”活动，效果非常好。一家人集体向上的氛围，比黄金都珍贵。而且，目标从来都不是靠“监督”实现的，而是靠自驱力和氛围实现的。当坚持完成目标成为全家人的习惯时，孩子的坚持就会更自然、更轻松。

## 6.2 AI 如何引导孩子学会时间管理

孩子的时间管理问题，从来不是“懒”或“拖延”所致，而可能是因为他们被填得太满而感到焦虑，行动低效。家长常常希望孩子提高效率，但提高效率真正的核心是学会取舍，而不是“做得更多、更快”。

我的大儿子即将升入高中，学业压力大，还要参加托福考试、参加高中面试等，同时他还热爱打高尔夫、拉大提琴、戏剧表演。因此，间歇性的疲惫在所难免。而我对他的引导方式，或说让他学会时间管理的第一步，不是做计划，而是分梯队。把所有的事情列下来，按照优先级和重要性，将其分为三个梯队。

让我非常意外的是，在这个过程中，他坚持将打高尔夫放在第一梯队，由此可见这不是简单的兴趣，而是他内心真正的热爱。

时间管理的本质，不是提高效率，而是主动选择。许多孩子不能真正管理自己时间的原因，是他们在心智和思维上有一些误区。我们将误区列出，找到根本原因，然后对症下药，经由 AI 协助，一切都会变得不同，哪怕是一些你认为的一些“疑难杂症”。

## 1 识别孩子在时间管理方面的三大挑战

### 挑战 1　没有优先级，认为所有任务都“很重要”

**结果：** 孩子的时间被填满，关键任务反而完成不了。

**真实的原因**

不知道如何做选择

孩子习惯于被安排，面对多项任务时，不知道该优先做什么，结果只能“全都做”，反而导致焦虑和低效。

害怕放弃，生怕错过机会

孩子觉得每一项活动都有价值，不做就可能“落后”，不敢主动筛选，而是尽量都参与。

家长填满日程，孩子缺少自主权

家长为孩子安排过多任务，以为“多做一点就更有竞争力”，孩子只能被动执行，没有时间感，也无法培养真正的自主选择能力。

## 挑战 2 拖延和低效学习——写作业 2 小时，真正学习的时间可能只有 30 分钟

**结果：**孩子一直都在“摸鱼”，注意力容易分散，学习任务一拖再拖。

### 真实的原因

学习缺乏目标感

孩子觉得学习只是为了完成任务，而不是为了个人成长或兴趣，缺乏主动性，自然容易拖延。

没有形成时间管理习惯

孩子没有掌握时间管理的方法，无法合理分配任务，导致时间碎片化，注意力涣散，效率低下。

任务量过载，导致心理抵触

作业和任务过多，孩子下意识抗拒，反而拖着不做，等到最后才匆忙应付。

### 挑战 3　缺乏时间感，无法合理规划学习与休息节奏

**结果：**孩子过度学习或拖延，影响专注力和身心状态。

**真实的原因**

不理解“精力管理”，习惯用时间衡量学习效果

孩子以为“学得久”就是“学得好”，不会调整状态，导致学习低效、疲劳积累。

休息时有负罪感，学习时注意力分散

孩子不敢停下来，觉得休息是在浪费时间，结果既没有真正休息，也无法高效学习。

缺乏系统化的时间规划能力

孩子不知道如何规划学习与休息的节奏，也没有具体的执行策略，导致一整天的时间分配混乱无序。

一句话：时间管理不是制作时间表，而是改变认知方式。

## 2 用 AI 赋能，真正掌控时间

时间管理从来不是让你做得更多，而是做得更聪明。如何让 DeepSeek 协助你和孩子，学会更聪明地做选择呢？

在我看来，DeepSeek 可以在时间管理上扮演三种角色。

- 任务规划师：帮你找到最该做的事，不再手忙脚乱。

- 拖延终结者：让你不再被低效学习折磨。
- 节奏引导员：教你合理安排学习＋休息，让大脑更高效。

接下来，我们看看 DeepSeek 如何协助你解决时间管理的三大挑战。

## AI 角色：任务规划师，帮你找到“最重要的事”

### 对应挑战 1：没有优先级，认为所有任务都“很重要”

你有没有这种感觉：一天安排得满满当当，数学作业、英语阅读、历史复习、编程练习……全都得做，却根本不知道该从哪儿下手。

真正的高手不是做得最多，而是选得最对！DeepSeek 可以帮你像高手一样管理任务，先搞定最重要的，再考虑其他的。

### 怎么做

打开 DeepSeek，输入你今天要做的所有任务

- 示例输入：“数学作业、英语阅读、历史复习、编程练习……”

然后告诉 AI 你的需求（给 DeepSeek 的指令）：

“请你向我先后提出三个问题，引导我思考任务的重要性和紧迫性，让我挑选最值得完成的三项任务。”

AI 可能会问你以下问题

- “如果你今天只能完成三件事，哪三件事最重要？”
- “哪件事不做会影响明天的学习？”

- “哪件事即使今天不做，影响也不大？”

### 让 AI 帮你分类任务

DeepSeek 会根据任务难度、紧迫度、学习目标，协助你把任务分成以下三个梯队。

- 第一梯队（关键任务）——必须完成，比如明天考试的复习。
- 第二梯队（可选任务）——有时间就做，比如额外做几道数学题。
- 第三梯队（可以跳过）——今天不做也不会有影响，比如重复抄写的任务。

### 生成你的“任务优先级”清单

你还可以让 DeepSeek 帮你制定当天的学习策略（借助本书前面的章节提到的提问方式）。

实际上，能通过与 DeepSeek 交互，每天选三项最重要的任务，并完成这三项任务，你就已经相当成功了！

**低效提问 vs 高质量提问**

| 低效提问 | 高质量提问 |
| --- | --- |
| “我今天要做哪些作业？” | “哪项任务最值得我今天完成？” |
| “我要做完所有任务才能休息吗？” | “哪些任务其实可以跳过？” |
| “怎么让自己更高效？” | “怎么先完成最重要的任务，再去做其他的？” |

## AI 角色：拖延终结者，拯救低效学习！

### 对应挑战 2：拖延和低效学习——写作业 2 小时，真正学习的时间可能只有 30 分钟

拖延不一定是因为“懒”，而是因为你没有找到适合自己的学习节奏。DeepSeek 可以帮你分析拖延原因，给出专属的高效学习方案，让你不用熬夜赶作业！

### 怎么做

打开 DeepSeek，输入你的学习状态

- 示例输入：“数学作业写不进去”“一翻开英语书就想玩手机”。

然后，告诉 AI 你的需求：（给 AI 的指令）：“请你向我先后提出三个问题，帮我分析拖延的具体表现，并引导我找到根本原因。”

AI 可能会问你以下问题

- “你最容易拖延的任务是哪一类？”
- “你通常是怎么拖延的？发呆、玩手机，还是检查作业？”
- “你的注意力什么时候最不集中？”

AI 生成你的“拖延分析图”

DeepSeek 可能会告诉你：

- 你最容易拖延的任务类型；
- 你最常见的拖延模式（比如边学边刷短视频）；
- 什么时候你的注意力最不集中。

让 AI 设计个性化的“黄金专注时间法”

DeepSeek 可能会建议：

- 做数学题 40 分钟 + 听 10 分钟音乐放松；
- 做语文阅读题 30 分钟 + 站起来走 5 分钟；
- 不是逼自己学更久，而是找到最适合自己的节奏！

**低效提问 vs 高质量提问**

| 低效提问 | 高质量提问 |
| --- | --- |
| “怎样才能不拖延？” | “为什么我在写数学作业时总拖延？” |
| “我就是效率低，怎么办？” | “我的学习节奏出了什么问题？” |
| “怎么让自己一直专注？” | “什么样的学习节奏最适合我？” |

## AI 角色：节奏引导员，帮你找到“最舒服的学习节奏”

**对应挑战 3：缺乏时间感，无法合理规划学习与休息节奏**

时间感不是天生的，而是可以训练的！DeepSeek 可以协助你建立属于自己的“学习节奏”，让学习更流畅，不再死磕！

**怎么做**

打开 DeepSeek，输入你每天或每周做每件事情预计的时间和真实的完成时间。

告诉 AI 你的需求（给 AI 的指令）

“请运用科学的时间管理方法（譬如时间统计法），帮我追踪学习时间，分析高效和低效时段，并给出优化建议。”

AI 生成你的“时间利用曲线”

你会看到：

- 什么时候你的学习效率最高（比如：上午 9—11 点，下午 3—5 点）；
- 什么时候你容易分心（比如：晚上 7—9 点）；
- 你的学习＋休息时间比例是否合理。

让 AI 设计你的专属“学习节奏表”

- 高效学习时间段→重点任务
- 低效时间段→休息、运动、调整
- 真正学会“用对时间做对的事”！

**低效提问 vs 高质量提问**

| 低效提问 | 高质量提问 |
| --- | --- |
| “怎么提高学习时间？” | “我在什么时间段学习效率最高？” |
| “为什么总觉得时间不够用？” | “我的学习和休息时间比例是否合理？” |
| “为什么学久了越来越累？” | “怎么调整我的学习节奏，让状态更稳定？” |

## 3 妙趣横生的“时间银行法”

在前面两节中，我们识别了时间管理的核心挑战，并借助 AI 学会了如何划分任务优先级、摆脱拖延、建立合理的学习节奏。

我深耕教育创新十几年，接触了成千上万的家庭。然而，关于青少年时间管理和自律这件事情，我发现最大的挑战（抛开教育体制的因素），依然是父母和老师们的焦虑——赶鸭子上架、敦促斥责、贴标签等行为，让孩子只能用消极态度和磨蹭来表示对抗。这是一种双输的结果，而这样的循环周而复始。

这就好比，虽然本章提到了如何巧用 DeepSeek 帮助孩子做时间管理与学习计划制订，你看了可能很有收获，但对于那些始终认为 AI 是洪水猛兽的家长，他们的孩子连得到他们在这方面斥责的机会都没有。

因此，好的方法或工具能够发挥作用有两个前提，一是家长永远相信孩子向上向善，善于洞察困住孩子的真正原因是什么；二是家长拥有成长型思维，积极使用新工具去寻找突破。

在时间管理这件事上，我常给少年商学院的学员家长们分享一个小技巧。这个小技巧合几乎所有家长胃口，它的功能是“让孩子回到家后先做作业”，够“硬核”吧。我将这个技巧称为“时间银行法”。

### 时间银行法：先完成优先级最高的事情

时间银行法的核心理念是“先存时间，再自由支配”，具体操作方式很简单。

- 设定“存款规则”：假设孩子最近一学年每天写作业的时间约为 1 小时。如果孩子放学回家后先写作业，而且写得又快又好，那么节省下来的时间就可以存进“时间银行”。
- 兑换自由时间：存下来的时间可以兑换成孩子自己选择的活动时间，比如玩游戏、看视频等。
- 定期清算，避免无限累积：时间银行的存款可以设定为每周清空一次，这样可以避免无限累积。

注：你也可以把“写作业”这件事情换成运动、阅读等你认为优先级更高的事情。

我们家老三，就是时间银行法的受益者。他以前是个“先玩再写作业”选手，结果每次到了睡觉前他才匆忙赶作业，最后睡眠不足，第二天状态也不好。使用时间银行法后，现在一切安好，每天回家不用父母操心，他就能先写作业。

不知道你敢不敢使用“时间银行法”？我设计的这个方法，其实是一种“负负得正”，或叫作“犯错也可以领奖赏”的方法。什么意思呢？与其同时为孩子写作业拖延和玩电子产品而头疼，不如将这两件事绑定起来；只要前者完成得又快又好，就可以获得后者的奖赏。

这一代孩子不可能与电子产品绝缘。家长要做的应该是与孩子一起制定规则，而不是禁止他们玩电子产品。我们要做的是推荐益智游戏，或找到比电子产品更好玩的事情，而不是批评斥责孩子。既然无法禁止，那就让孩子玩，但他要自己“挣”。

这就是“时间银行法”的魅力：让孩子体验到高效学习带来的自由感，而不是被迫遵守家长的时间安排。说白了，我在《世界是我们的课堂》一书中就一直说，对大人来说，自律才能自由，而对孩子来说，自由才能自律。

我建议你也试一试。在遇到一些挑战，或者希望做一些个性化的设置时，你也可以与 DeepSeek 交互，比如：

- “如果孩子故意赶作业，草草完成怎么办？”
- “存下来的时间，怎么奖励才更有吸引力？”
- “如何让孩子真正意识到时间管理的重要性？”

我问了 DeepSeek 另一个问题，就是如何将“存时间”这件事情变得更酷一些。它的回答是：“找一个可视化工具，比如‘时间存款单’，让‘存时间’这件事能被看见。孩子看到自己每天存了多少时间，就会更有成就感，也更愿意主动管理时间。”

没错，时间银行法的核心不是“哄孩子先写作业”，而是让他们自己感受到管理时间的好处，慢慢养成时间管理的习惯。

到这里，我们已经学习了 DeepSeek 高效学习法的三步走在时间管理上的应用。

- 第一步：识别你的时间管理挑战，找到真正的问题根源。
- 第二步：用 AI 赋能，优化你的任务优先级、改善拖延习惯和学习节奏。
- 第三步：运用“时间银行法”，帮助自己真正掌控时间。

时间管理不是一天就能学会的，它是一种需要长期练习的能力。但只要你愿意尝试、愿意不断优化，你一定能成为时间管理的高手！

记住——时间管理的本质是主动选择。选择做对的事情，而不是想着把每件事情做对。这样就可以慢慢来，但快快到！

## 6.3　提升孩子专注力的 10 种方法

制订了个性化的学习计划，学会了时间管理，接下来就是提高执行力和专注力了。

关于专注力，许多家长甚至老师都对它有误解，以为孩子能够长时间坐在课桌前听课、坐在书桌前学习，就是专注力好。但专注力真正的定义，不是“坐得住”，而是“收得回”。

真正的专注力，是当一个人察觉自己分心时，能够主动调整状态，把注意力重新收回来。

其实每个人天生都有专注力，只是很多孩子的专注力被过度消耗，或者没有得到正确的训练，导致他们在学习上难以保持稳定的专注状态。

因此，如果你的孩子能全神贯注玩 2 小时游戏，但学习 10 分钟就走神，那并不代表他“没有专注力”，他只是没有把专注力放在学习上。这也是我们要解决的核心问题——如何让孩子收心，并把专注力转移到更有价值的事情上？

专注力可以被训练，但关键在于训练方式。我给出以下几条建议，供大家参考。这些都是我在养育三个孩子的过程中积累的，是少年商学院不少学员家庭在持续实践的方法。

## 1 兴趣练习法：刻意训练大脑的专注能力

专注力可以像肌肉一样被训练。你会发现，孩子在玩乐高、拼图、画画、阅读自己喜欢的书时，可以长时间沉浸于其中，这是因为他们的大脑已经形成了专注的习惯。因此，专注力练习完全也可以“先兴趣，后学科”。

同时，家长可以通过日常小游戏来训练孩子的专注力，举例如下。

- 让孩子找出房间中的所有红色物品，看看他能在多少秒内找到它们。
- 让孩子在地图上找到特定的城市或地标，看看他能在多长时间内完成任务。
- 让孩子数出你房间中有多少张椅子、多少个书架等，看看谁能在最短时间内回答正确。
- 给孩子一段文字材料，让他在最短时间内找出其中的特定单词或关键词。
- 给孩子几张扑克牌，让他在最短时间内按约定的数字逻辑进行排列。

这些小游戏不仅能训练孩子的专注力，还能帮助他们学会“保持专注”。

## 2 能量清单法：让孩子建立“专注成就感”

孩子的专注力，不是靠监督培养的，而是靠“能量感”驱动的。让孩子每天回到家，一进门，就在白板上记录一条“让自己感到有掌控感、充满力量的事情”，并在一周内累计一定次数后给予奖励。例如：

- 课堂上主动发言，分享自己的观点。
- 放学后按计划完成作业，节省出更多自由时间。
- 克服畏难情绪，完成一项本来不愿意做的学习任务。

当孩子发现自己“积极专注”能带来积极的体验时，他们就会更加愿意投入时间，并逐渐形成专注的习惯。

## 3 10 分钟热度法：打破拖延，快速进入状态

孩子面对的最大挑战，不是学不会，而是迈不出第一步。

如果孩子总是拖延，可以试试“10 分钟专注挑战”。

- 告诉自己：“先认真做 10 分钟，如果还是不想做，再换别的。”
- 通常在10分钟后，大脑已经进入专注状态，不再抗拒任务了。

这个方法的核心原理是：让大脑发现“开始”比想象中的容易，减少心理阻力。许多成年人在面对难题时，也会用这个方法来打破拖延。

## 4 交叉任务法：保持专注，而不是死磕

长时间死磕同一个任务，反而容易导致专注力下降。

哈佛大学研究发现，“交叉学习”可以让大脑保持更高效的专注状态。例如：

- 学习语文 30 分钟→休息 5 分钟→做数学练习题 30 分钟→休息 5 分钟
- 让孩子在学习两种不同的学科时切换，比如数学 + 写作，减少思维疲劳。这样既能提高学习效率，又能让大脑保持专注，而不会觉得枯燥。

## 5 学习风格匹配法：找到适合孩子的专注方式

在本书第一章中，我提到了学习风格理论（听觉型、视觉型、读写型、动觉型等）。孩子们的学习风格不同，找到适合自己的学习风格，才能最大化提升专注力。

家长可以通过观察孩子在不同学习任务下的表现，帮助他们找到适合自己的专注方式。你也可以现在让你的孩子和 DeepSeek 对话，让它一道接一道地出题，共出 10 道适合孩子年龄段的趣味互动题目，测试一下孩子的学习风格。然后，根据本书提供的学习方法

与策略，引导孩子高效学习。

当孩子用适合自己的专注方式学习时，他的专注力会大幅提升。

## 6 迁移专注力：从兴趣转移到学习

孩子可以专注地打游戏 2 小时，但学习 10 分钟就坐不住了？这并不代表他没有专注力，而是他的专注力没有放在学习上。

正确的方法是找到兴趣与学习的连接点（本书关于跨学科思维的部分内容也有详解），让孩子体验到学习的乐趣。

- 喜欢乐高的孩子→让他们在搭建乐高中学习数学与几何
- 喜欢看科幻故事的孩子→让他们探索物理、化学知识
- 喜欢写故事的孩子→鼓励他们用故事讲解历史知识
- 喜欢打游戏的孩子→根据游戏类型向他推荐主题好书

这样，孩子会发现，学习并不是枯燥的，而是和他们喜欢的事情一样有趣的！

在写到这里时，我问了 DeepSeek 一个问题。我说，我根据自己的实践，归纳了 6 条提升青少年专注力的小技巧，你帮我补充成为 10 条（代表“十全十美”），但最好比我的表述更酷一点——譬如给每个小技巧起个概括性的名字。它很乖巧地列了以下 4 条。

## 7 学习结界法：桌面清空术

学习前先画“结界”：书桌上只留当前任务相关物品（其他书、

玩具全收进抽屉）。视觉信息减少 70%，大脑会自动进入“战斗模式”。

## 8 大脑充电桩：3 分钟深呼吸

每学习 40 分钟，就用 3 分钟进行“大脑充电”——闭眼深吸气 4 秒→屏住呼吸 4 秒→慢呼气 6 秒（想象把烦躁呼出体外）。科学提升血氧浓度，专注续航力 +30%（家长可陪练）。

## 9 问题追踪器：错题红绿灯

用红黄绿三色荧光笔标记作业：红色 = 完全不会（立刻问老师），黄色 = 不确定（课后重点复习），绿色 = 已掌握（快速过）。避免无效重复耗神（直击盲目刷题痛点）。

## 10 手机封印术：物理隔离法

学习时把手机装进带锁的盒子（钥匙交给家长），或启用“专注模式”(仅保留计时功能)。用仪式感切断“随手玩两下”的诱惑（针对短视频沉迷）。

总而言之，牢记专注力不是“看起来专注的样子”，而是“收心的能力”。培养孩子的专注力，不是一蹴而就的事情，而是一个持续训练的过程。祝同学们未来在学习之旅中更专注，更高效！

下　篇

# 从高效学习到终身学习

# 第七章

# DeepSeek 如何助你开启人生探索之旅

## 7.1 从小探索多元兴趣如何“少费妈”

### 1 发展兴趣爱好的三大误区

我三个儿子的兴趣爱好加起来超过 20 个，其中老三一个人同时就有 10 个课外兴趣爱好。但我们并没有花很多钱，甚至我和我太太也没有投入太多时间。

在很多家庭中，关于兴趣爱好，家长容易走进以下三个误区。

#### 误区一 兴趣爱好 = 报班

很多家长一想到培养兴趣，第一反应就是报班。钢琴班、美术班、编程班、围棋班……兴趣班俨然成了“刚需”，似乎不报班，孩子就没有机会培养兴趣。

但兴趣的培养，未必要靠报班。老三喜欢折纸飞机，但我们并没有送他去“航空模型兴趣班”，而是陪他一起在网上寻找资源，看相关视频，并鼓励他与 AI 对话。他甚至自己研究出了新的折纸技巧。在这个过程中，他不仅学到了不少物理学知识，还锻炼了专注力、创造力。

## 误区二　兴趣 = 技能

有些家长认为兴趣培养的终点是掌握一项“技能”。但兴趣不是技能，培养兴趣的过程其实是孩子探索世界、找到自身特质和潜能的过程。

比如，我家老二喜欢编程，很多家长一听到“孩子喜欢编程”，就想到给孩子报 Python 班或者 Scratch 班。但我一直引导他，让他不着眼于学编程，而是探索如何解决问题。我在他玩游戏时，有时会鼓励他去研究如何设计游戏，最后他竟然自己编程设计了一款小游戏。

## 误区三　孩子擅长的，就是他未来要专精的方向

当有些家长发现孩子在某个领域表现突出时，比如数学特别好、钢琴弹得不错，就会立刻把这种突出表现当成“未来发展方向”，甚至开始强化训练，想让孩子成为“专才”。但过早专精，往往会限制孩子发展的可能性。

耶鲁大学前校长理查德·莱文（Richard Levin）说过：“如果一

个学生在耶鲁大学毕业时，居然拥有了某种很专业的知识或技能，这将是耶鲁教育最大的失败。耶鲁的教育目标，不是让学生在大学四年里就被“固定”在一个学科里，而是让他们具备广博的知识体系，能在未来的岁月里自由切换、适应社会变革。”

同样的道理，在中小学阶段，我们更应该让孩子在不同领域多做尝试，而不是过早让他们锁定在一个方向上。

那么问题来了，如何在引导孩子探索广泛兴趣的同时，少花钱？

## 2 AI 如何帮助孩子高性价比地探索兴趣

在 AI 时代，我们可以少花钱、少花时间，让孩子高效地探索兴趣。这种做法的核心思路是，用 AI 让孩子自由探索、多元试错，再慢慢聚焦真正的热爱，最终实现兴趣与学业的相辅相成。

这一过程可以分为三个阶段，每个阶段对应一种 AI 赋能方法，帮助孩子从“萌芽”到“探索”再到“深潜”。

### 第一阶段：兴趣萌芽（自由探索阶段）

**“白日梦想家”法——让 AI 帮助孩子记录兴趣雷达**

孩子的兴趣总是变化莫测的，今天想学吉他，明天想成为航天员，后天又迷上编程。

家长最怕的是他们的“三分钟热度”，但在这个阶段，家长不要逼孩子“选定兴趣”，而是先帮他们记录兴趣，并找到兴趣间潜在的共性。

## AI 实操攻略

第一步：建立“兴趣发现日记”

在 DeepSeek 里，创建一个“兴趣发现日记”（类似“错题本”），随时记录自己的兴趣。记录方式如下。

- 今天我对什么感兴趣？（例如，电子游戏、昆虫、摄影。）
- 这个兴趣吸引我的地方是什么？（例如，游戏设计太酷了！）
- 我有没有看过、做过相关的事情？（例如，看过游戏幕后纪录片。）

第二步：利用 AI 归纳兴趣方向

对 DeepSeek 输入指令：“请帮我整理过去三个月我提到的所有兴趣，并根据共性归类。”

DeepSeek 可能会生成：你最近提到最多的兴趣是：科学、历史、美食。

你可以尝试完成以下短期任务。

- 科学：写一篇“如果我是航天员”的小故事。
- 历史：用 DeepSeek 生成秦始皇和达·芬奇的一场对话。
- 美食：设计一个“未来餐厅”的菜单。

表 7-1 是让 DeepSeek 归纳兴趣方向时低效提问与高质量提问对比示例。

表 7-1　低效提问与高质量提问对比示例（让 DeepSeek 归纳兴趣方向）

| 低效提问 | 高质量提问 |
| --- | --- |
| “我适合培养什么兴趣？” | “过去三个月，我提到最多的兴趣是什么？请分类，并推荐三项相关的小任务。” |
| “我要不要学编程？” | “我对游戏感兴趣，但不确定是否喜欢编程。请列出五个相关职业，并推荐一个简单的编程任务。” |
| “我是不是应该坚持画画？” | “请分析我的兴趣记录，看看哪些兴趣我坚持最久，这些兴趣之间有什么共同点？” |
| “什么兴趣最赚钱？” | “请列出五个未来热门职业，并分析它们需要什么兴趣作为基础。” |
| “我要做视频博主！” | “请帮我列出三个关于科普短视频的创意，并给出适合 12 岁孩子的脚本框架。” |

### 家长角色：如何支持孩子兴趣萌芽

- 不要急着让孩子“确定”兴趣，先鼓励他们记录和探索。
- 当孩子提到某个兴趣时，不要泼冷水，而是陪他们一起看资料、找资源。
- 不要逼孩子选一个兴趣就必须坚持，在兴趣萌芽阶段，最重要的是“广撒网”。

## 第二阶段：兴趣探索（尝试与体验阶段）

“兴趣实验室”法——用 AI 帮助孩子低成本试错

很多家长的困惑是：孩子对某件事感兴趣，但只是“想想”，不愿意真正去尝试。

这时候，AI 可以降低试错成本，让孩子轻松体验不同兴趣，比如：

“我对建筑设计感兴趣，能否帮我设计一个简单的建筑挑战？”

“我想试试当视频博主，你能问我三个问题，然后确定我做什么类型视频最合适，再给我三个时长 30 秒的短视频创意吗？”（我家老三现在的 10 个兴趣里有一个就是视频博主，从 9 岁就开始拍摄并剪辑短视频！）

- 喜欢演讲？让 DeepSeek 针对你感兴趣的主题列出一个时长 3 分钟的 TED 式演讲提纲。
- 喜欢设计？让 DeepSeek 指导你设计一张个人名片。
- 喜欢编程？让 DeepSeek 生成一段简单代码，你来试着修改。

表 7-2 是让 DeepSeek 帮助孩子低成本试错时低效提问与高质量提问对比示例。

表 7-2　低效提问与高质量提问对比示例
（让 DeepSeek 帮助孩子低成本试错）

| 低效提问 | 高质量提问 |
| --- | --- |
| “我适合当作家吗？” | “请列出 3 个写作挑战，分别用 100 字、300 字、500 字完成。” |
| “编程太难了，怎么办？” | “请推荐 3 个适合新手的编程小游戏，并告诉我如何开始。” |
| “怎么练演讲？” | “我想用 AI 练习即兴演讲，能否随机给我一个话题，并生成 3 个开头？” |
| “我不知道自己会不会喜欢摄影？” | “请给我一个 3 天摄影挑战，每天一个任务。” |
| “我想试试当游戏设计师。” | “请列出 5 个适合初学者的游戏开发工具，并帮我生成一个简单的游戏角色。” |

### 家长角色：如何支持孩子兴趣探索

- 告诉孩子：尝试兴趣的过程，不一定要完美，重要的是体验！
- 定期和孩子一起复盘："在你最近尝试的兴趣中，哪个最让你兴奋？"
- 不要急于给孩子报兴趣班，在孩子通过 AI 试错后，他才知道哪个兴趣值得深入。

## 第三阶段：兴趣深潜（深入学习阶段）

"深潜挑战"法——用 AI 赋能孩子的长期成长

当孩子对某个兴趣表现出强烈的热爱时，他们就进入了"深入学习阶段"——不再只是浅尝辄止，而是希望真正深耕某个领域，积累专业知识，甚至形成长期的个人特长。

在这个阶段，AI 的作用不再是提供灵感或短期挑战，而是成为孩子的"智能学习教练"，帮助他们制订系统化的学习计划，优化学习方法，并给予孩子即时反馈。

譬如你对 DeepSeek 说：

"我想写一部科幻小说，但总是写不下去，能帮我设计一个完整的大纲，并提供 3 个提升写作水平的技巧吗？"

"我已经学习了吉他弹奏的基础方法，现在想提高，能否给我一个 90 天练习计划？"

"我对地理很感兴趣，能否推荐 5 个有挑战性的任务，让我更深入地学习？"

在深入学习的过程中，AI 可以提供以下帮助。

- 批改写作：孩子写了一篇短篇科幻小说，可以让 AI 给出修改建议，并优化语言表达。
- 智能答疑：学习弹奏吉他时遇到问题，AI 可以像一个 24 小时在线的导师，帮孩子分析并找到适合自己的练习方法。
- 实践模拟：借助本书前面分享的费曼学习法，让 AI 扮演“听众”，你来“开讲”。

表 7-3 是让 DeepSeek 赋能孩子长期成长时低效提问与高质量提问对比示例。

表 7-3　低效提问与高质量提问对比示例（让 DeepSeek 赋能孩子长期成长）

| 低效提问 | 高质量提问 |
| --- | --- |
| “我想提升编程水平” | “我已经学完 Python 基础课程，能否给我 3 个适合进阶学习的小项目？” |
| “我想让画的画更好看” | “请分析这张画的构图和配色，并给我 3 个改进建议。” |
| “我要提升演讲能力” | “请模拟一场 TED 演讲，给我 3 个适合 15 岁青少年的演讲主题，并帮我写开场白。” |
| “我想制作科普视频” | “请给我 5 个适合发在 B 站的冷门科普选题，并提供时长 30 秒的解说文案。” |
| “我想做生物学实验” | “请推荐 3 个生物相关实验，让我可以在家里尝试，并告诉我其背后的科学原理。” |

### 家长角色：如何支持孩子的兴趣深潜

- 引导孩子学会输出，而不只是输入。让孩子通过写作、分享、创造作品来巩固学习。
- 不要急于让孩子“职业化”——不是所有兴趣都要成为未来的工作的。
- 不要因学业忽视兴趣——真正的热爱，反而能激发孩子的学习动力。

从兴趣萌芽到兴趣探索，再到兴趣深潜，孩子的兴趣不是一夜之间形成的，而是经过不断尝试、调整、深入后形成的。

这样的一个过程，其实正好对应学习的三个阶段：记忆、理解与创造。

### ☑ 兴趣萌芽 = 记忆阶段（类似拍照和整理相册）

- 孩子接触各种信息，AI 记录并归纳他的兴趣。

### ☑ 兴趣探索 = 理解阶段（类似侦探破案）

- 孩子开始尝试不同的兴趣，并通过短期挑战不断摸索。

### ☑ 兴趣深潜 = 创造阶段（类似厨师发明新菜）

- 孩子深入钻研，在 AI 的帮助下优化技能，开始创造自己的作品。

在这个过程中，DeepSeek 成为孩子的助手，帮助他们低成本试错、找到真正热爱的兴趣，并更高效地深入学习。而家长应该做的，不是去“规划”孩子的兴趣，而是创造一个自由、支持的环境，让孩子在探索中找到真正的成长动力。

最终，学业与兴趣不是对立的，而是相辅相成的。让孩子成为一个既能驾驭学业，又能在兴趣中发光发热的人，才是教育最好的模样。

## 7.2 如何借助 AI 发现自己的特质与优势

**“我们对‘聪明’的理解太过狭隘。”**

这句话出自提出“多元智能理论”的哈佛大学教授霍华德·加德纳（Howard Gardner），在我还没有结婚生子的时候，就给我留下了深刻的印象。他反对用智商测试作为衡量智力的唯一标准，他认为智力是多维度的，每个人在不同领域都可能有自己的优势。

很多人认为，聪明的孩子就是会考试、数学好、记忆力强的孩子，但在加德纳看来，人类的智能远不止这么简单。他提出，每个人都有 8 种不同类型的智能（见图 7-1）。

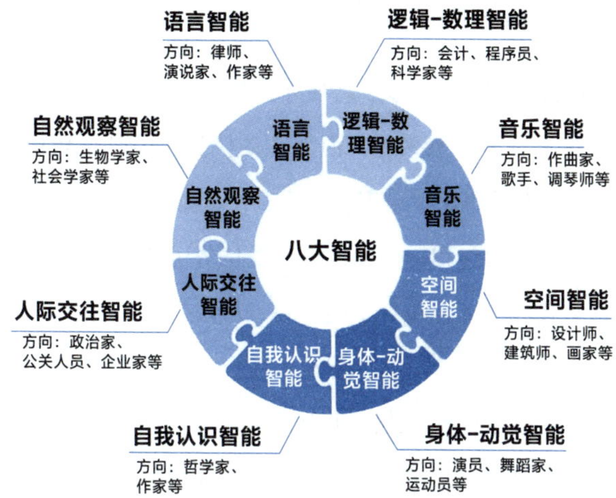


图 7-1 霍华德·加德纳的多元智能理论

## 1 同一兴趣，不同特质

多元智能理论给了我很大的启发，尤其是在陪伴自己孩子成长的过程中，我逐渐发现，即使拥有同一个兴趣，不同孩子表现出的特质也可能完全不同。

譬如，我家三个孩子都是乐高迷。喜欢拼乐高的孩子，一般都有不错的“空间智能”。但是他们身上还展现出了完全不同的智能特质。

- 老大喜欢搭建复杂结构，喜欢研究机械原理：逻辑-数理智能。
- 老二喜欢组织小伙伴一起搭建，并能分工合作：人际交往智能。

- 老三喜欢讲述自己搭建过程的故事：语言智能。

换句话说，兴趣是表象，特质才是核心。

有些孩子对写作感兴趣，但真正的优势可能是逻辑思维较强，未来他们更适合从事法律或市场分析工作，而不是成为作家。

有些孩子喜欢编程，但他们真正的优势可能是模式和系统思维较强，未来或许更适合从事金融分析、城市规划工作，而不是成为程序员。

很多家长在看到孩子表现出对某个活动的兴趣时，第一反应是给他报名兴趣班，但家长真正应该做的，是观察孩子到底在哪些方面展现出了“优势智能”，并帮助他们发挥这些优势。

加德纳进一步提出，未来社会最重要的能力不是单一的智能，而是懂得将不同智能结合，形成个人的独特竞争力。比如：

- 一个擅长逻辑－数理智能和空间智能的孩子，未来可能会在人工智能和游戏开发领域大放异彩；
- 一个具备人际交往智能和语言智能的孩子，可能会成为出色的心理学家或演讲家；
- 一个同时拥有自然观察智能和身体－动觉智能的孩子，或许会在环境保护和户外教育领域找到属于自己的舞台。

可问题是，孩子的“优势智能”并不容易被发现，家长往往也缺乏专业方法，总会路径依赖式地用错误的方式定义孩子的“聪明”；而孩子自己因为学业压力大，也并不太知道自己的强项和优势到底是什么。

## 2 AI 如何帮助孩子发现自己的“优势智能”

不知道如何发现孩子的“优势智能”，甚至不知道该如何观察？我的建议是求助有影响力的生涯测评机构——学术归学术，专业的事情还是交给专业的人去做。

不过，DeepSeek 这样的 AI 工具，可以在这个过程中扮演关键的“发现助手”，用非正式的方式引导家长多了解孩子，孩子则可以更多地自我觉察。发现自己的特质和被隐藏的天赋，对于找到自己的优势是极为重要的。

本书介绍三个高效方法，让孩子按图索骥，寻找自己的特质，并让家长在该过程中扮演正确的角色。

### 方法 1　“优势档案馆”——用 AI 归纳兴趣线索，找到特质模式

孩子的特质往往隐藏在他们的长期行为模式中，而家长容易忽略这种长期行为模式。AI 可以帮助孩子整理兴趣点，并分析其中的潜在特质。

**DeepSeek 实操攻略**

建立“我的优势档案”（类似于“错题本”的方法）

- 在 DeepSeek 中创建一个新对话，命名为“我的优势档案”，每周记录一次（每次都使用同一个对话，不要每次都“开启新对话”）。
- “本周我做了什么觉得很投入？”

- “最近让我最兴奋的事情是什么？”
- “如果我来教别人做一件事，我会选什么？”

### 让 DeepSeek 归纳特质模式

定期输入指令，例如每个季度一次，在 DeepSeek“我的优势档案”对话框里提问：

- “请总结我过去 3 个月里反复提到的兴趣，并分析它们的共同特质。”
- “请分析我的记录，判断我在哪些类型的任务上表现更好。”
- “请根据我的兴趣，推荐 3 个可能适合我的特长。”

表 7-4 是让 DeepSeek 归纳特质模式时低效提问与高质量提问对比示例。

表 7-4　低效提问与高质量提问对比示例（让 DeepSeek 归纳特质模式）

| 低效提问 | 高质量提问 |
|---|---|
| “我擅长什么？” | “请根据我的优势，找出我坚持最久的 3 个兴趣，并分析它们的共同特质。” |
| “我是不是很聪明？” | “请分析我过去的学习记录，看看我在哪些类型的任务上表现最稳定。” |
| “我适合学什么？” | “请根据我的兴趣数据，推荐 3 个最符合我特质的领域。” |

### 家长角色：如何判断孩子的特质模式

- 长期观察，不要凭一次表现下结论。
- 鼓励孩子思考与复盘，而不是代为决策。

- 不要过早给孩子贴标签，让探索成为常态。

## 方法 2 “模拟测试员”——用 AI 进行优势测试，发现隐藏能力

### DeepSeek 实操攻略

让 DeepSeek 定制非正式的“优势测试”（仅具有参考意义，正式测试一定要找权威机构）

输入指令：

- “请为我设计 5 道趣味测试题，判断我更擅长逻辑思维还是语言表达。”
- “请出 3 道思维挑战题，看看我是否适合深入学习编程。”
- “请给我 3 道社交类测试题，帮助我判断我的沟通能力如何。”

DeepSeek 解析测试结果

输入指令：

- “请根据我的测试结果告诉我，我在哪些能力上比同龄人更突出。”
- “请向我提出 5 个问题（一个接一个），然后根据我的回答结果，推荐 2 种适合我的学习方式，以发挥我的优势。”

表 7-5 是让 DeepSeek 解析测试结果时低效提问与高质量提问对比示例。

表 7-5　低效提问与高质量提问对比示例（让 AI 解析测试结果）

| 低效提问 | 高质量提问 |
|---|---|
| “我是什么类型的？” | “请通过 5 道趣味测试，帮我判断我的思维方式更偏逻辑型还是创造型。” |
| “我数学好不好？” | “请出 3 道挑战题，看看我是否擅长数学推理。” |
| “如何才能爱上学习？” | “请给我 3 种方式测试我的学习偏好，并分析结果。” |

### 家长角色：如何看待 DeepSeek 给出的测试结果

- 测试结果只是参考，并不能决定孩子的能力。

Kuder 中国是我做过调研之后一直在合作的平台，它们从学术到大数据，有着严谨的逻辑。其对特质的评估是从孩子兴趣、能力（自信度）和价值感三个维度综合进行的。

## ✓ 方法 3　“镜像探索者”——用 AI 让孩子发现“潜在优势”

本书前面的章节，我曾系统分析过跨学科思维的重要性。跨学科思维，表面上跨的是学科或专业领域，实际上是特质与能力的迁移。

- 擅长数学的孩子，可能在音乐、编程等领域也有天赋（数学思维和节奏感、逻辑思维相关）。
- 善于讲故事的孩子，可能在领导力、市场营销方面也有潜力（好的叙事能力是影响力的核心）。

## DeepSeek 实操攻略

### 让 DeepSeek 解析你的"潜在优势"

在 DeepSeek"我的优势档案"对话框里输出指令：

- "请根据我最近克服的困难和展现出的兴趣告诉我，我擅长哪些领域。"
- "我喜欢讲故事，但不确定自己更适合写小说、做视频，还是主持节目。你能给我一些建议吗？"
- "我总是能很快记住别人说的话，甚至能模仿他们的语气和表达方式，这算是一种特长吗？可以用在哪些地方？"

表 7-6 是让 DeepSeek 解析潜在优势时低效提问与高质量提问对比示例。

**表 7-6　低效提问与高质量提问对比示例（让 DeepSeek 解析潜在优势）**

| 低效提问 | 高质量提问 |
| --- | --- |
| "我喜欢画画，但不知道自己还擅长什么。" | "我喜欢画画，但从没写过剧本，你能给我一个挑战，让我试试看我能不能当编剧吗？" |
| "篮球比赛有什么数学知识？" | "请设计一个篮球比赛的数据分析任务，看看我是否能提升数学思维。" |
| "我喜欢数学但很少听音乐，我一定只能是理科生吗？" | "请给我一个好玩的任务，让我把数学和音乐给结合起来。" |

### 家长角色：如何帮助孩子跨学科探索

- 鼓励孩子打破兴趣的边界，不要只停留在某个兴趣上，而是看看这个兴趣还能和什么结合。

- 帮助孩子建立实验心态，告诉他："试试看，失败了也没关系，关键是发现新的可能。"

一个人的特质不仅仅体现在他的兴趣里，还隐藏在行为习惯、学习方式和成长经历中。希望通过优势档案、模拟测试、镜像探索三种方法，DeepSeek 能够帮助你进一步了解自己，发掘更广阔的可能性。

记住：探索特质，不是为了让孩子变成某种固定类型的人，而是为了让他们找到最适合自己的成长路径。就像我一直对少年商学院学员们说的："生涯规划的核心不是定位，而是唤醒。"

### 附：DeepSeek 列出的青少年自我探索十问

①"如果让你用乐高建造一座未来城市，你会设计哪些别人想不到的功能？"

②"组织一次班级运动会，你会让谁当队长？为什么选这个同学？"

③"在小区里找到 10 片不同的树叶，你能给它们分别起个超酷的名字吗？"

④"如果你成为孙悟空的队友，你会发明什么技能打败妖怪？"

⑤"在解数学题时，你更喜欢画图还是编口诀？"

⑥"用一首歌形容你今天的心情，你会选哪首？为什么？"

⑦“如果编程能让唐诗‘动起来’，你选哪句诗做特效？”

⑧“十年后的你在做一件很酷的事，这件事最有可能是什么？”

⑨“这一周你在做哪件事时完全忘了时间？”

⑩“让 AI 猜猜你的超能力：最近做的哪件事让你觉得自己超厉害？”

**特点：**每个问题融合一个智能维度，用游戏化语言激发回答欲，孩子可快速互动，家长用 DeepSeek 记录并分析答案即可。

## 7.3　DeepSeek 如何帮你做专业和职业探索

最近我们家发生了一件特别有意思的事，和孩子选课有关。

我家老大要选九年级的课程，数学、英语、科学这些必修课不用说，在艺术和人文领域还各需要选一门。在艺术领域，他毫不犹豫地选了戏剧。理由很简单，他梦想当演员。

可在人文领域，他一下子陷入纠结。六个选项——经济学、心理学、历史、地理、政治、社会企业——没有一个是心头好。起初，他还斩钉截铁地说：“我肯定不选心理学。”

没想到，几天之后，他最终选择了心理学。

## 1 大儿子选课程的“反转”

这个转变，离不开两步走的关键引导。

第一步，是妈妈的智慧。虽然学校官网上发布了各科老师为每门课程录制的时长 5 分钟的视频，但儿子一副“没什么好看的”的样子。直到有一天他心情不错，他妈妈说想了解一下，问他：“你能不能陪我看一会儿？”而我也在一旁顺势说：“不如我们一起看看？”

孩子给了我们面子，我们三个人一起把 6 个视频全部看完了。

第二步，我问了 DeepSeek 一个非常简单的问题：“站在 14 岁青少年的角度，就经济学、心理学、历史、地理、政治、社会企业分别要学什么、有什么用，各举三个生动好玩的例子来做科普说明。”

很快，DeepSeek 给出了一张很棒的案例表单。

比如介绍经济学时，它用一堆贴近生活的问题打开了孩子的好奇心。

为什么麦当劳卖的汉堡比高档餐厅卖的便宜那么多？

为什么苹果公司“富可敌国”？

而介绍心理学时，它更是用一连串日常小事，让孩子眼前一亮。

为什么有些人天生擅长交朋友，而有些人有社交恐惧？

为什么看到别人打哈欠，自己也会跟着打？

为什么有时候，我自己都没意识到的习惯，其实暴露了内心秘密？

这些例子一下子让他觉得心理学挺有意思，甚至对他的戏剧表演生涯也非常有帮助。

看完 5 分钟后，他宣布："我要选心理学。"

这件事让我非常欣慰。专业探索的意义，从来不是给人生定"死路线"，而是用不同的学科，拓宽孩子的视野，打破偏见，帮他们发现自己还没意识到的潜力。

而家长的智慧，和 AI 的助力相结合，能够非常好地解决过去可能让你头疼的事情。

本章第 1 节讲兴趣探索，第 2 节讲特质发现，那第 3 节就是带大家走进"专业与职业探索"的真实世界了。

我根据在少年商学院家长社群中的调研，归纳出大家常遇到的五大挑战，简单拆解底层逻辑，并给出与 AI 交互提问的详细攻略与示例；然后，我会介绍职业探索之"52 杯咖啡计划"，推荐同学们去实践，同样也附上如何用 AI 赋能的建议。

## 2 专业与职业探索"五大挑战"

### 挑战 1 "我根本不知道自己喜欢什么"

兴趣广泛又浅尝辄止，或者感觉什么也不擅长，不清楚自己究竟该走哪条路。

认知误区：以为"喜欢"是一下子就能找到的，其实大多数人都是先多试、多玩，再慢慢筛选出兴趣的。

**正确思维**

把“不知道喜欢什么”当成起点，广泛体验，把每一次尝试都当成挖宝，兴趣是“折腾”出来的。

因此，真正的突破口是：从兴趣里提取底层能力，看背后的共性特质。别只问自己“喜欢什么”，还要问自己“凭什么擅长”。

针对这一点，本章前文讲的 DeepSeek 协助你建立“兴趣发现日记”和“优势档案馆”，已经讲得非常详尽了。在这个过程中，AI 角色可以说就是一个“兴趣雷达扫描员”。

表 7-7 是让 AI 解析兴趣志向时低效提问与高质量提问对比示例。

表 7-7　低效提问与高质量提问对比示例（让 AI 解析兴趣志向）

| 低效提问 | 高质量提问 |
| --- | --- |
| “以后干什么能不被抢饭碗？” | “我喜欢宠物护理，请分析这个方向的 AI 替代风险，并推荐融合人文关怀的新职业。” |
| “有没有什么适合我的爱好？ | “如果想试着找到长期喜欢的事，你能根据我之前提到的 3 个爱好，设计一个探索清单吗？” |
| “设计是不是快被 AI 取代了？” | “我喜欢插画，请分析 AI 绘画的发展，并帮我找到人机共创的优势赛道。” |

## 挑战 2　“我喜欢的东西，将来能赚钱吗”

热爱唱歌、画画、运动、打游戏，这些爱好真的能变成未来的职业吗？能养活自己吗？

**认知误区**

以为赚钱靠兴趣本身，但其实真正能养活你的，是把兴趣变成独特的能力和别人需要的价值。

**正确思维**

与其纠结“爱好能不能赚钱”，不如思考“我怎么用爱好创造价值”。先做出成果，机会自然就来了。

实际上，几乎任何兴趣，都有变现路径，关键在于找到“兴趣 × 需求”的交集，把热爱用在对的地方。

少年商学院每年都会发起“小小首席执行官”项目，发动全国的学员，基于自己的兴趣与优势，在详细做完市场调研的基础上，模拟创办一家公司，推出属于自己的产品与服务（可以是一个创意本子、一系列颇具个人风格的实物漫画，或是哈利·波特主题读书会等），针对特定人群推广变现（包括现金，也包括现实意义如公益捐赠），这样的项目获得了巨大的反响。

**AI 角色：兴趣变现规划师**

DeepSeek 不只为你提供职业列表，还能帮你拆解某个兴趣的市场机会，规划变现路径。

**操作攻略**

输入：“请根据我喜欢的短视频制作，分析它的 3 种盈利模式。”

输入：“请模拟一个赚钱项目，围绕滑板兴趣设计初步方案。”

输入：“给我做一个表格，列出我 3 个兴趣的变现路径对比。”

表 7-8 是让 AI 解析具体行为时低效提问与高质量提问对比示例。

表 7-8　低效提问与高质量提问对比示例（让 AI 解析具体行为）

| 低效提问 | 高质量提问 |
| --- | --- |
| “玩魔方可以赚钱吗？” | “我打算开个魔方培训班，请帮我列出需要准备的清单。” |
| “打游戏真能当工作吗？” | “我正在做一个小游戏，请帮我分析一下有没有可能用它参加青少年编程大赛，或者上传平台赚钱。” |
| “学艺术是不是不好赚钱？” | “我喜欢画手账，请帮我看看能不能在周末市集摆摊，列一个准备清单。” |

说白了，就是帮孩子把“我喜欢”变成“我能做”“我能帮”“我能赚”。

“小小首席执行官”项目的目的不是赚钱，而是让孩子走出空想，从“消费者”变成“创造者”，该项目让孩子们明白了：

- 做产品，得考虑市场需求，不能只凭自己喜欢；
- 卖东西，比想象中的更难，要学会表达和推荐；
- 在探索兴趣的过程中，收获的不仅是技能，还有韧性和智慧。

## 挑战 3　“大家都说这门课好，我不喜欢怎么办”

数学、编程、金融……身边人都在学，家长也催着报班，可自己偏偏不感兴趣。

**认知误区**

总觉得热门的就是好的，结果忽视了适合自己的才最有前途。

**正确思维**

“热门 ≠ 适合”，学会和自己对话，找到适合自己的节奏。最受欢迎的不是“热门专业”，而是“有特色的人”。匹配自己的优势与兴趣，才是终身成长的最优解，才可能成为真正的“人生赢家”。

**AI 角色：个性化适配顾问**

让 DeepSeek 用你的特质，反向筛选课程，并找出与热门专业的交集。

**操作攻略**

输入：“请根据我的性格与兴趣，推荐 3 门适合我的选修课，并说明理由。”

输入：“计算机系必修课与心理学系选修课，哪个更符合我当前的特质？”

输入：“我不爱编程，请帮我列出我如何在 AI 时代找到适合自己位置的方法。”

表 7-9 是让 AI 担任个性化适配顾问时低效提问与高质量提问对比示例。

表 7-9　低效提问与高质量提问对比示例（让 AI 担任个性化适配顾问）

| 低效提问 | 高质量提问 |
|---|---|
| “我是不是也得学计算机？” | “我喜欢摄影和旅行，不擅长编程，请帮我推荐 3 个结合 AI 或数字创意的职业方向。” |
| “大家都选金融，我是不是也得选？” | “我擅长沟通，喜欢策划，请用这两个特质设计一条比金融更适合我的发展路径。” |
| “选冷门专业是不是不切实际？” | “请给我找 3 个冷门专业发展前景大好的真实案例，总结成功的关键因素。” |

## 挑战 4　“我选错了会不会毁一生”

中学选科、大学选专业、毕业找工作，仿佛步步惊心，害怕一次决定就锁死了未来。

认知误区：产生“选错了就完了”的焦虑，原因是被线性思维困住了。把一次选择看得太重，以为选错就“万劫不复”，其实人生是不断修正路线的过程。

### 正确思维

选错路线可以随时调整，越早试错，越容易找到真正适合自己的赛道。选错可以修正，重要的是拥有迁移与跨界能力。

### AI 角色：路径修正高手

在生涯规划领域，基于学术研究和大量实证研究与样本的正式评估和咨询，是 AI 不能比拟的。但是 AI 可以帮你模拟转向方案，分析改道成本与机会。

**操作攻略**

输入：“如果我最开始选了心理学，后来想转商科，路径怎么走？”

输入：“换专业后，我需要补足哪些能力？”

输入：“请用表格列出我目前选课的风险点，以及备选方案。”

表 7-10 是让 AI 进行路径修正时低效提问与高质量问题对比示例。

表 7-10　低效提问与高质量问题对比示例（让 AI 进行路径修正）

| 低效提问 | 高质量提问 |
| --- | --- |
| “选错专业是不是就完了？” | “我想知道，心理学转商科的案例中，成功率有多少？” |
| “我怕选错课。” | “请设计一个兼顾兴趣与就业的选课组合。” |
| “是不是大学选错了就没救了？” | “帮我列出 5 位大学专业与职业反差最大的成功人士。” |

## 挑战 5　“AI 来了，我的理想职业是不是要消失了”

AI 带来的职业焦虑是真实存在的，孩子们可能常会问：“我喜欢的职业未来还存在吗？我该怎么选才不会被淘汰？”

**认知误区**

害怕职业被 AI 取代，却忽略了 AI 只是工具，真正不可替代的是人的创造力和共情力。

AI 取代的是职业，不是能力。我们真正要思考的，不是“哪个职业不会消失”，而是我们的哪些能力，是 AI 替代不了的？

**正确思维**

未来不是和 AI 竞争，而是用 AI 让自己更强，把它当作搭档，解锁新职业、新玩法。

**AI 角色：未来预警雷达**

实时扫描未来趋势，帮助你迭代技能组合。

**操作攻略**

输入：“我喜欢写作，请分析 AI 时代哪些写作方向更有前景。”

输入：“请帮我分析滑板教练这个职业的未来风险及替代方案。”

输入：“请列出 5 个 AI 难以替代的软技能，并推荐训练方法。”

表 7-11 是让 AI 进行未来预警时低效提问与高质量提问对比示例。

表 7-11　低效提问与高质量提问对比示例（让 AI 进行未来预警）

| 低效提问 | 高质量提问 |
| --- | --- |
| “我喜欢的职业会被 AI 取代吗？” | “我热爱平面设计，请分析 AI 绘图对这个行业的影响，并推荐我可以深耕的独特技能。” |
| “学编程还有前途吗？” | “请分析 AI 自动编程的发展趋势，并告诉我 3 个程序员可以进阶的新方向。” |
| “以后做什么比较有竞争力？” | “请结合 AI 发展，推荐 3 个稳定又需要创造力的职业，并给出成长路线。” |

上述五大挑战，看似彼此独立，背后往往是连环反应：不知道喜欢什么→担心赚不到钱→看着大家都在学的热门专业→怕选错毁一生→害怕被 AI 取代。解决以上挑战的真正方法，是找到属于自己的“能力组合”和“探索路径”。

## 3 “52 杯咖啡计划”探索真正世界

很多人以为，职业探索是大学生的事，兴趣变现是创业者的事。可我认为，这两件事，最好从中小学阶段就开始尝试。

上文简单提及了兴趣变现之“小小首席执行官”项目。现在我想重点聊一下职业探索之“52 杯咖啡计划”。

一年有 52 周，假设你每周请一个认识或不认识的朋友——特别是职场人士喝一杯咖啡，那么一年 52 杯咖啡的力量超乎想象。

“52 杯咖啡计划”也是我在少年商学院开展的一个职业访谈项目。全国不少学员响应参与。我建议的节奏是一年请 13 杯咖啡，四年完成 52 杯咖啡计划。这可以说是少年版的“十三邀”，关键在于每个孩子都是职业访谈小记者。

这个项目的真正意义，从来不是让孩子们“知道职业”，而是帮助他们打开格局，走向真实社会，在职业访谈中向外探索世界，向内探索自己，真正了解这个世界，并最终建立目标感。

“我的儿子说他最大的收获是，未来一定要找到自己喜欢的工作，而不是别人觉得好的工作。”这是一位才做了 5 场职业访谈的学员的妈妈给我的反馈，“受访者们眼中有光芒、心里有火花的样子深深打动了孩子。”

## “52 杯咖啡计划”操作流程

① 选身边的人

不用想着采访什么“大人物”，爸爸妈妈的同事、邻居、亲戚都可以。咖啡师、设计师、程序员、律师、摄影师……这些“看得见、摸得着”的职业，最适合入门。

② 准备问题清单

一方面，你要做功课，了解你要采访的职场人士的背景，提出个性化问题；另一方面，你可以把这些不涉及隐私的信息，在 DeepSeek 里输入，并告诉它你要做一个什么样的职业访谈，以及自己的年龄：

“请根据目标感、抗挫力、匠人精神、知识技能四个维度，帮我设计 10 个合适的采访问题（这四个维度的关键词，是我强烈建议各位同学输入的。否则，问题容易泛泛而谈，无论是名人传记阅读还是职业人士访谈，最值得探究的都是这四个维度）。”

比如这些经典提问：你做这份工作时最开心的事是什么？碰到困难时，你通常是怎么坚持下来的？你觉得这份工作最需要什么特质？

当然，如果你要全程让 DeepSeek 当你的“采访助理”，它可以：

- 帮你根据不同职业定制问题清单；
- 帮你模拟采访场景，提前演练；

- 帮你整理采访后的心得报告。

DeepSeek 操作示范

- “我要采访一位游戏设计师，请帮我生成10个好问题。”
- “我要采访星巴克的一位店长，请你模拟一场职业访谈对话。”
- “根据我采访的录音文本，帮我总结 3 个亮点收获。”

③ 实际采访

约好时间，线下或者线上都可以。鼓励孩子用手机录音，并用 AI 软件即时将访谈转成文字整理好，结束后快速复盘总结。

我的一位在江苏淮安的学员，他已经请不同的人喝了 30 多杯咖啡了，他的采访对象包括退伍军人、非遗传承人、技术专家、企业高级管理者、知名学者、阅读教育专家等，他为此还专门建立了公众号，将整理后的访谈文字和视频上传上去。真的非常优秀。

有人会觉得这样的事情非常“浪费时间”，会影响学业。而我接触的实施“52 杯咖啡计划”的学员，个个学业都很优秀——不是他们原本优秀、天资聪慧而有精力去做这件事，而是在做这件事的过程中，他们发现了学习的意义和学习方法而变得学业优秀，更何况“52 杯咖啡计划”一般在假期开展。

可能因为我年轻时候是一位记者，在采访形形色色、各种各样的人的过程中，我发现我可以完成四件事。

- 学会平视世界，尊重每一种职业和劳动；
- 理解社会的多样性，接纳不同的成功路径；
- 提升沟通力、好奇心和提问能力；
- 探究自己的兴趣，特质与优势。

站在人生的长河来看，这些比尽早找到自己真正感兴趣或擅长的专业、职业，要重要得多。

最后送同学们一句话："你终究会发现，比考试取得高分更重要的是，勇敢地走进真实世界；比好专业和好工作更重要的是，勇于探索未知的世界。"

同时也请谨记：DeepSeek 等 AI 工具不是替你决定未来的"人"，而是帮你看清世界、整理自我、发现可能性的"探索助手"。真正的决定权，永远在你手里。

第八章

# DeepSeek 帮助你成为超级学习者

如果说前面的章节是工具箱，那么最后这一章，就是带你走进我家的真实日常，看看 AI 如何成为我家每个人的学习和成长助理。

现在我家有六位“成员”：我、我妻子、三个儿子，还有“小弟”AI——以前是 ChatGPT，现在则是被高频使用的 DeepSeek。

以最近一周我家的日常生活为例，我随手就可以列出五件关于第六位成员参与的事情。

## 场景一：大哥的升学利器

大哥在新加坡参加一个美国高中展，一进门的时候，他拿到 30 所高中的名录，然后拍照给 AI，问：“请帮我从当中选出综合排名在美国靠前、有高尔夫校队和戏剧社团的学校，从申请者最关心的角度做介绍，对比分析并列成表格。”

AI 很快回复了他，提供了 4 所学校的名字和分析列表。他按图索骥，有的放矢，直接到展位找这 4 所学校的工作人员进行交流，1

小时全部搞定。招生官还惊讶于他对学校“好像了解得挺深”。

## 场景二：二哥的英文写作教练

二哥最近在提升英文写作能力。DeepSeek 帮他列出了两个月的专项训练计划。八周内的写作主题、类型、方法与侧重点，都非常详尽。我又让 ChatGPT 列了一遍，对比后发现 DeepSeek 列出的写作主题更契合孩子的心智和真实需求，后者在深度推理、情景模拟、分步引导上的表现真的非常棒。

## 场景三：三哥的兴趣陪练

三哥（他觉得有了 AI，他不应该再被叫作三弟）的兴趣非常广泛。在学校的第二课堂，同时择选了黏土、视频博主、魔方和水球等课程。因为之前他有利用 AI 帮助自己成为“折飞机高手”的经验，所以他现在在兴趣钻研上，非常善于和 AI 沟通交流。

## 场景四：我妻子的旅行管家

我们在安排暑假全家去西班牙旅行的计划。我妻子现在正将 DeepSeek 视为一个旅行规划专家并与之交流。要知道这样的咨询之前一般发生在一些旅行软件上，而且还容易让人走不少弯路，甚至花冤枉钱。最关键是，AI 可以真正意义上做到“个性化定制旅行”。同时，我妻子还在利用 AI 工具学英语。

## 场景五：我的知识助理

我一直在做家庭教育与学习方法上的研究和创新实践。DeepSeek 是我的研究助理。它与几个智能化论文平台的结合，更让我能够第一时间看到一些前沿研究。同时，我每天早上的“教育早茶”直播已经做了近千场。各类直播主题我都非常熟悉，但我还想进一步提高，譬如找到更加符合家长或孩子视角的案例或解释方式，调整分享结构使直播更流畅，等等。DeepSeek 给了我不少实用建议。

…………

这样的例子太多了。对于 AI，我有三个切身的感受。第一，DeepSeek 广泛流行的 2025 年，在未来可能会被称为中国的 AI 元年。DeepSeek 以极快的速度，完成了大众的 AI 启蒙。第二，AI 是策略引擎而非搜索引擎，它不是用来找答案的，它是为你出主意的，是你的助理和智囊团成员。第三，当遇到问题但缺乏思考逻辑或思路时，就试着问问这位“家庭成员”，而不要哪天有人提醒你才用，不提醒则不用。

应该还是有不少人对 AI 持怀疑态度的，担心扼杀孩子创造力等。我的观点是，我们当然要在伦理等方面，引导孩子认知和理解 AI 的使用边界。但你对 AI 的整体态度决定了 AI 在你和孩子的学习与成长中充当什么样的角色。从广播到电视到互联网到 AI，每一次技术革命，都会让一些人非常恐慌。但也正是每一次变革极大地拉开了人与人的认知差距。一定不要因噎废食。

古语说“临渊羡鱼，不如退而结网”，DeepSeek 高效学习法是非常实用的学习手册。一定要行动起来，让这套方法成为你的孩子成绩与能力提升的全新引擎。

## 1 回顾：什么是 DeepSeek 高效学习法

DeepSeek 高效学习法是 AI 时代兼具学习深度（Deep）和学习广度（Seek）的一种学习方法。

**从深度（Deep）上讲：借助 AI 工具完成学习三境界的跃迁**

- 学会记忆 = 捕捉信息 + 巩固存储（类似拍照和整理相册）
- 学会理解 = 连接碎片 + 织出脉络（类似侦探破案）
- 学会创造 = 组合已有 + 加点颠覆（类似厨师发明新菜）

**从广度（Seek）上讲：到达这三境界的路径，需要“三步走”。**

- 第一步，识别挑战：知道自己要解决的是什么问题（第一性原理）。
- 第二步，提出问题：用清晰、有针对性的提问，与 AI 或身边资源互动。
- 第三步，选择方法：挑选真正适合自己的策略和行动方案，解决问题。

三境界是成长层次，三步走则是完成路径（见图 8-1）。

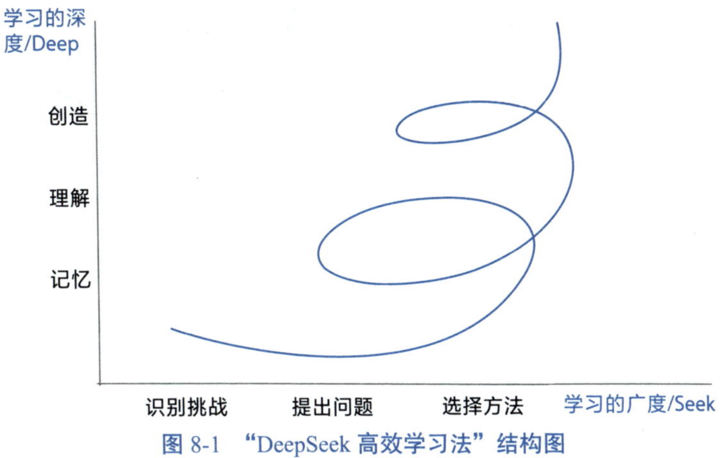


图 8-1　"DeepSeek 高效学习法"结构图

DeepSeek 高效学习法的目标，是让孩子在 AI 时代十倍提效，并用自己的方式成为学习高手（见图 8-2）。

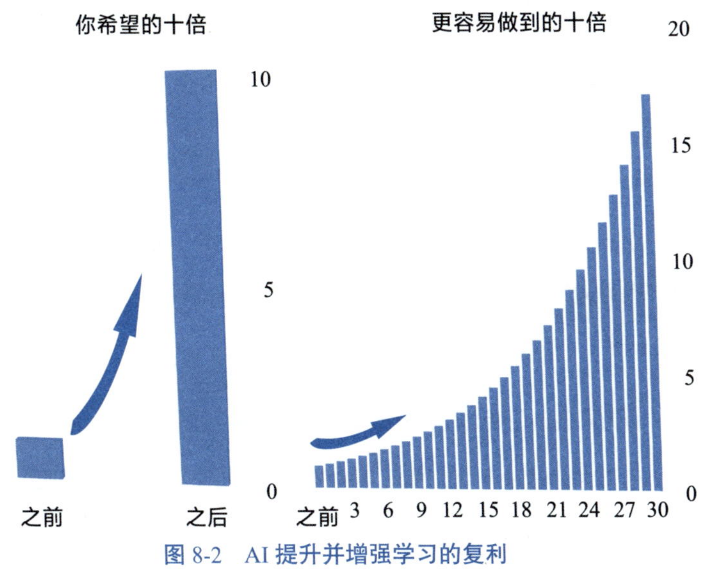


图 8-2　AI 提升并增强学习的复利

## 2 DeepSeek 高效学习法到底有什么用

在我看来，DeepSeek 高效学习法的真正价值，不是教你几个提示词，不是帮你抄作业、赶论文，更不是把学习变成机械地“找答案”。

它的作用有三点，想清楚这三点，你就会明白，它为什么值得学习。

### ☑ 第一，它帮你解决“不会学”的根本问题。

很多同学不是不聪明，而是总是陷在以下三大难题里出不来。

- 遇到问题，不知道怎么拆解（找不到真正原因）。
- 面对任务，不知道如何提问（缺乏切入思路）。
- 设定目标，不知道如何行动（不会制定路径）。

而 DeepSeek 高效学习法，就是用“三步走”帮你搞定这三大难题。

先看清问题→再提好问题→最后用对方法。一步一步带你破局。

换句话说，DeepSeek 高效学习法三境界，帮你从“学得会”，到“想得通”，再到“用得出”。三步走则帮你看清问题、问对问题、解决问题。

### ☑ 第二，它帮你搭建一套完整的学习系统。

有了这套学习系统，你就不怕遇到新知识，不怕碰到难问题了。无论是本书中涉及的数学、英语、语文等学科的学习，还是跨学科学习，抑或学习计划制订、时间管理与生涯规划等，统统可以用这套学习系统应对。

另外，本书详解了错题本、费曼学习法、康奈尔笔记法如何与 DeepSeek 结合，老树开新花，搭建了一套完整的、让你从原先依赖课堂到现在掌控学习的学习系统。只要你愿意，学习成绩与能力都将大幅提升，最关键是你获得的这套学习系统是个性化的，它将助力你的终身学习。

这就是为什么我说，DeepSeek 高效学习法，从来不是教你几招"应试技巧"，而是教你在 AI 时代，如何真正掌控自己的学习节奏，成为超级个体。

### ☑ 第三，它让你不再害怕变化，更能持续进化。

前段时间我到新加坡中华总商会观摩学习，结果被主持人临时叫到台上做了一个即兴演讲。我的演讲时长 2 分钟，主题是"行行出状元"。我讲到自己过去 20 年先新闻再教育的从业经历，让我掌握了一个本领——平视世界。每个人在人格上都是平等的，每个人在自己的位置上兢兢业业都可能出类拔萃。有目标的人总是闪闪发光的。

演讲结束后我在想，其实今天以 DeepSeek 为代表的 AI 工具，确实拉开了"教育资源平等"的帷幕。它未必能改变你的人生，但是可以拓宽你的人生可能。它虽然不能决定你的能力上限，但可以提高你的能力下限。

关键就看你是不是行动派。

DeepSeek 高效学习法能够帮助你的地方还在于，即使知识在变、工具在变、环境在变，你也能不断升级自己的学习力，找到新的节奏，跟上新的挑战，探索出新的可能。真正的高手不是最聪明的人，而是拥有持续进化能力的人。

## 3 AI 时代青少年五大核心竞争力

有人问我，对孩子来说，AI 时代的核心竞争力是什么？或者哪些能力不会被取代？

我的答案是提问力、创新力、思辨力、适应力与人际交往力（见图 8-3）。

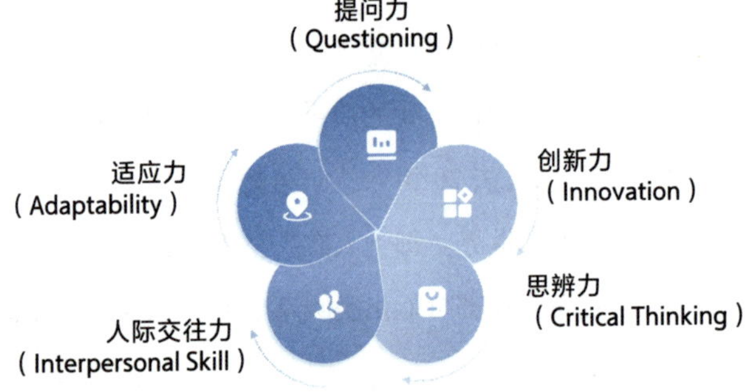


图 8-3　AI 时代青少年五大核心竞争力

这五种能力的英文首字母连起来正好是 QICAI——奇才！希望每个同学，特别是践行 DeepSeek 高效学习法的同学，都能成为 AI 时代的奇才。

Q（提问力）：与其死记硬背知识不如学会提问，AI 会回答问题，但人要学会问“真正重要的问题”。

I（创新力）：理解知识不等于会创造，AI 会优化已有内容，但人要打破边界，探索未知。

C（思辨力）：学会思考比单纯记忆更重要，AI 会提供信息，但人要学会分辨真假，形成个人独特见解。

A（适应力）：学习不只是应对考试，还有面对不断变化的世界，如何不断升级自己。

I（人际交往力）：AI 没有情感，未来最不可取代的是共情能力、审美能力和品位。

也许你会发现，这五种能力看起来很基础，但恰恰是越基础的东西，越容易被忽视，也最值得用一生去打磨。

很多人把 AI 当作捷径，想着如何用它走得更快。真正的高手则用 AI 走得更稳、更深、更远，用 AI 把自己变成那个不可替代的人。

DeepSeek 高效学习法的终极目标，是像《哈佛通识教育红皮书》所说的“教育的目的是培养完整的人”——借助 AI 工具，让孩子成为在知识、能力与品格这三驾马车上齐头并进的世界公民。

因此，永远别把 AI 当答案，它只是工具，

真正的钥匙，永远握在你手里——

是你能提出的好问题，

是你创造的独特作品，

是你坚持思辨的勇气，

是你适应变化的能力，

是你温暖彼此的情感。

## 4 DeepSeek 高效学习法“超级迷你版”

全书要结束了。如果你觉得前面介绍的方法太多、信息太复杂，感到无从下手，别急，记住这九个字然后马上行动——做解释、拆步骤、找解法。

我把它称为“高质量学习九字诀”，或者说 DeepSeek 高效学习法“超级迷你版”。

### ☑ 做解释：理解本质 × AI 助力

——明白复杂知识，从一句话讲清楚开始。

别急着背答案，先明白“它到底是什么”。用最简单的语言把复杂知识说清楚，是理解一切的起点。学科知识、学习方法、生涯探索……当你能用一句话、一个比喻讲清楚时，才算真正理解它。善用 AI，快速提炼、举例、比喻，帮你建立自己的知识表达库。表 8-1 是部分场景下善用 AI 建立知识表达库的高质量提问示范。

表 8-1　部分场景下善用 AI 建立知识表达库的高质量提问示范

| 提问场景 | 高质量提问示范 |
| --- | --- |
| 数学概念 | “请用生活中的例子解释什么是函数，并模拟讲给五年级学生听。” |

（续表）

| 提问场景 | 高质量提问示范 |
| --- | --- |
| 历史事件 | “请用费曼学习法讲解第一次工业革命，限制在 200 字内，并举出其对今天生活的影响。” |
| 科学原理 | “请用比喻解释 DNA 复制的过程，像讲故事一样讲给我听。” |
| 生涯启蒙 | “请用三句话解释什么是生涯规划，并举一个身边人的例子。” |
| 时间管理 | “请用小学生能理解的方式，讲清楚‘番茄工作法’是怎么用的。” |

### ☑ 拆步骤：复杂任务拆解 × AI 助力

——搞定大任务，把问题拆成小块慢慢解决。

当任务太大、太复杂，不知道从哪里下手时，最聪明的做法不是坚持完成，而是拆分。把一项任务拆分成若干小步骤、小动作，一步步完成，压力减半，效率翻倍。借助 AI，任何难事都能分块搞定，不用再凭感觉做。

表 8-2 是部分场景下善用 AI 拆解复杂任务的高质量提问示范。

表 8-2　部分场景下善用 AI 拆解复杂任务的高质量提问示范

| 提问场景 | 高质量提问示范 |
| --- | --- |
| 英语写作 | “请帮我拆解一篇关于‘假期旅行’的小作文从构思到完成的五个步骤。” |
| 数学应用题 | “请把这道三步计算题分步骤拆解，每一步告诉我思路和注意点。” |
| 科学实验 | “请帮我拆解一个简单空气质量检测实验的操作流程，并注明材料清单。” |

（续表）

| 提问场景 | 高质量提问示范 |
| --- | --- |
| 学习计划 | “请帮我拆解一周背 50 个英语单词的计划，每天安排哪些具体动作最科学？” |
| 兴趣探索 | “我想试试拍短视频，帮我拆解一个拍摄并完成剪辑的基本流程。” |

## ☑ 找解法：多路径思维 × AI 助力

——换个角度看问题，总有新的解决办法。

当思路卡住、停滞、不知道怎么办时，别死盯着一种方法。好问题背后通常有不止一个答案。多元思考，拓宽思路，提升解决力。AI 就是你的“备选方案发动机”，随时提供更多思考路径。你要有分辨能力，找到最适合自己的。

表 8-3 是部分场景下善用 AI 多路径思考的高质量提问示范。

表 8-3　部分场景下善用 AI 多路径思考的高质量提问示范

| 提问场景 | 高质量提问示范 |
| --- | --- |
| 数学难题 | “这道题目我用了代入法解决，还有别的解法吗？请给我两种不同思路。” |
| 英语学习 | “单词总是记不住，除了词根记忆法，还有哪些高效方法？” |
| 时间管理 | “我总是拖延，除了番茄钟，还有哪些适合初中生的高效时间管理工具？” |
| 学科选择 | “除了选心理学，历史和经济学中有没有适合我性格的跨界选修课？” |
| 兴趣变现 | “我喜欢画画，除了摆摊卖画，还有哪些方式可以变现或者将画分享给更多人？” |

“遇到不懂的，做解释；碰到复杂的，拆步骤；思路卡住时，找解法。”

如果说完整的 DeepSeek 高效学习法，是一台全功能的“超级引擎”，那这套“做解释、拆步骤、找解法”九字诀，就是你随时装在口袋里的应急小工具、日常三板斧。

针对无论是学习还是成长的疑难杂症，使用九字诀，你也算是登上通向成为 AI 时代超级个体的列车了。

世界是我们的课堂。愿你借 AI 之力，看到更大的世界，成为更好的自己。

后记

# 成为 AI 时代的超级学习者

酣畅淋漓地写完 10 多万字后，做自己的旁观者，我的第一感受是：《DeepSeek 高效学习法》就是《斯坦福学习法》的中国实践版。

因为我当年创办少年商学院时借鉴了斯坦福在线中学的模式，所以对此非常熟悉。注重学习方法、采用跨学科思维、将哲学列为必修课、采用混合式学习（线上线下结合）、找到每个学生的兴趣和个性化成长路径……无一例外都在少年商学院过去的创新实践中落地。

我把过去 10 年在中国的创新实践案例写成《世界是我们的课堂》一书。这本书的副书名叫“如何培养面向未来的核心竞争力”。可是，仍然有少部分人大体翻了一下便说：它只适合前卫的家庭，我家孩子只能努力学习。

这些家长的想法在我看来是因果倒置了。不是因为孩子学业成绩差才不得不剥夺其兴趣发展的机会，恰恰是因为孩子没有机会发展兴趣爱好才学业成绩差——这很扎心，但确实是真相。让孩子找到目标感和自己热爱的事物，他的状态就会改变，他的自信会迁移到学业上。

现在，无论是校内学习，还是校外兴趣发展，抑或终身成长，只要你利用好 AI 工具，就能省钱、省时、省力，在高效提分的同时激发学习兴趣。这样的学习方式，你难道不想试一试吗？

站在我的角度来看，本书是《世界是我们的课堂》的“AI 轻量版”，也是《斯坦福学习法》的中国实践版。读过本书，你可以用科学的方法，助力孩子像斯坦福在线中学的学生一样，在 AI 时代高质量学习，高效能成长。

本书是青少年在 AI 时代的一部学习宝典、一套实践手册。从外显的角度来看，“DeepSeek 高效学习法”其实就是“如何学得又快又好”“如何借助 AI 工具十倍提效”的意思。

这个“十倍”到底是怎样实现的？现在你知道了，是书中 DeepSeek 高效学习法三境界与三步走的交叉循环，即以“学习的深度（Deep）”为纵坐标、以“学习的广度（Seek）”为横坐标的螺旋式上升曲线促成的。

我当年在读大学时，做过一本名叫《求索》的杂志的主编。刊名来自“路漫漫其修远兮，吾将上下而求索”。没想到二十多年后的今天，我们可以一起“深度求索”。虽然 AI 时代的新学习变革为我们提供了十倍提效的可能，但学习也不是一蹴而就的。

所谓“慢慢走，快快到”，要先道而术，因果明了，逻辑清晰。

从这个意义上，我希望同学们不要只关注这本书里的应用技巧，更要掌握学习方法，同时真正理解过去我们之所以学习效率低，其实主要是因为卡在了没有“识别挑战”上。通俗来说，就是没有找到病根。而找到病根，恰恰是“DeepSeek 高效学习法”的第一步。这其实比“提出问题”更重要。

就好像你去医院看病，觉得手臂疼痛，就直接挂了骨科，结果医生一检查，发现真正的问题其实是颈椎压迫了神经；又或者明明是得了肠胃炎，你却以为是普通的感冒发烧，结果挂错科、治错病。

如果连问题出在哪里都没搞清楚，那么后面无论问多少问题、用多少方法，恐怕都事倍功半，甚至出现南辕北辙的情况。

成为超级学习者，要有识别挑战的冷静头脑，要有提出问题的鞭辟入里，要有选择方法的精准出击。这些都需要刻意练习。

因此，我为本书附上一套“DeepSeek 每日打卡任务清单”，让你能够通过具体的行动，完成自我跃迁。千里之行，始于足下。

感谢人民邮电出版社智元微库创始人张渝涓和责任编辑刘艳静等伙伴，为了让这本书早点与读者见面，各位加班加点、高效协作。这是一个非常有战斗力的出版机构，和你们合作我很安心。

感谢技术专家和科普作家方军老师，是他鼓励和支持我们在 2023 年就推出面向青少年的 AI 创新实践营，他还负责了 HiWorld.ai 平台的开发。后来，我们又合作了“费曼学习法如何与 AI 结合”的相关课程与图书项目。为把一个学习流程梳理清晰，我可以深夜给他打两小时的微信语音电话。

感谢斯坦福大学华人教授蒋里、大数据专家涂子沛、北京航空航天大学计算机学院博士生导师刘雪峰，《AIGC 重塑教育》的作者刘文勇，以及奇点大学博士葛如钧等专家学者。他们是在过去几年受邀到我的“张华读书会”视频号直播连麦的六七十位嘉宾中，于 AI 方面给我启发和激励，使我不断前行的良师益友。

感谢缪志彤（Tina）等少年商学院学员家长及“张华读书会”的学习官们，为了探索 AI 项目如何真正助力孩子提升学业和综合能力，你们不但送自己的孩子参加实践营，还为项目如何更好落地出谋划策，甚至还主动发起共学营。这样的氛围实属难得。有一群终身成长、群策群力的家长学员是我莫大的幸运。

感谢少年商学院和我在中国乃至世界各地的学员们。无论是家长学员还是青少年学员，是你们的信任让我觉得做一份小而美的事业是值得的。我已把“让更多青少年独立自信，让更多家庭和睦幸福”视为我的人生使命，这辈子估计就干这一件事了。

感谢刘宗浩（Leo）等少年商学院的团队小伙伴们。我这几年旅居新加坡，你们能够把少年商学院的使命、愿景、价值观在复杂的环境中不急不躁地坚守好，同时远程支持我的工作，这种默契实属难得。

感谢我大气、漂亮的太太湘湘，我们结婚 18 年了，你从来都支持我去做我想做的事情，不管将要面对多大挑战，不管在别人看来“投入产出比”是否合理。这是我前世修来的福分。

感谢我的三个儿子小报、佑佑和多多。是你们的天真烂漫和欢声笑语，消解了我在创业维艰时的疲惫和心累；是你们每个人独特的个性、学业与兴趣的齐头并进，让我更加笃定“教育的目的是培养完整的人”。

要感谢的人太多。我一直是个幸运的人，总是有那么多人在帮我，哪怕是在艰难的时候。所以我要更加努力，继续攀登“第二座山”，即利他之山。有目标感的人生闪闪发光。

张华

2025 年 3 月 4 日凌晨于新加坡家中